5分スープ

わたしの
心と体を
助けるレシピ

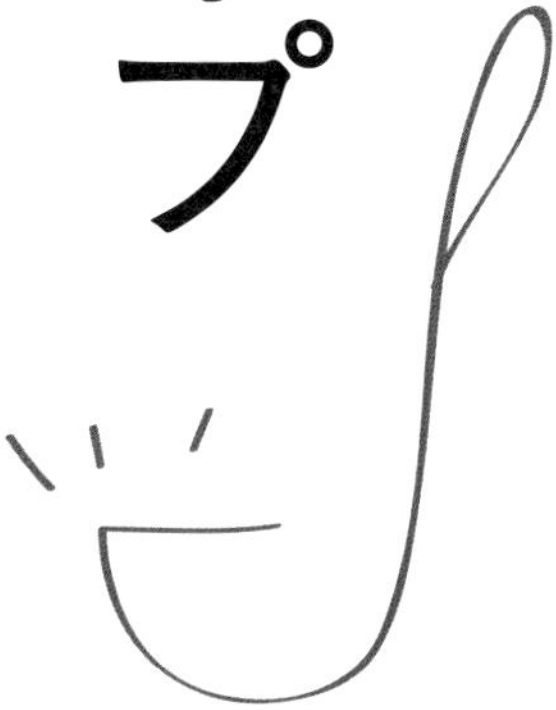

牧野直子

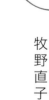

はじめに

朝起きてシャキッとしたいとき、
疲れて家に帰ってホッとしたいとき、
夜寝る前に心と体をゆるめたいとき、
あったらいいな、飲みたいなと思うのが温かいスープ。
でも、スープといえば、食材をコトコト長時間煮るものだから、
手間も時間もかかってしまう……。
そんなスープが、5分で飲めたら?
こんなにうれしいことはないな、毎日飲めて助かるな。
この本は、そんな願いを叶えられるスープ本です。

ところで「5分スープ」と聞いて、本当においしいのかな?と、
少し不思議に思われるかもしれません。
大丈夫です!

- **火が通りやすい食材を使い、切り方を工夫する**
- **旨みの強い食材をとり入れる**
- **香味野菜やハーブを生かす**
- **だしやスープの素を上手に使う**

などの工夫で、ちゃんとおいしくできるんです。
なるべく塩分やスープの素は控えめに。
素材の味を生かして栄養価の高い食材を効率よく使った、
体にやさしいスープを61品ご紹介します。
「5分で手に入るおいしい世界」へ、ようこそ!

作りはじめてから
飲むまで5分！

野菜を手軽に
たっぷりとれる

「5分スープ」

肉や魚、
野菜の旨みが
生きたおいしさ

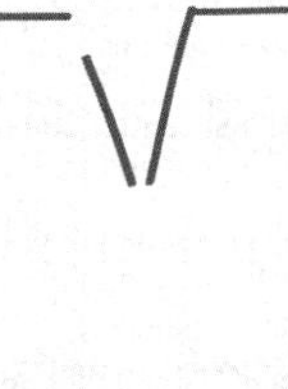

お疲れぎみの
心や体を
助ける食材が
入っている

いいこといっぱい！

塩分控えめで
やさしい味

飲むタイミングや
気分に合わせて
好みのスープを
選べる

Contents

はじめに……2
5分スープ、基本の作り方……10

Part 1
朝にうれしい
目覚めのスープ……12

えのきの落とし卵汁……14
BLTスープ……16
キャベツとソーセージのスープ……18
豆乳みそ汁……20
中華風コーンクリームスープ……21
トマトと卵のスープ……22

Part 2
心と体をゆるめる
リラックススープ……26

台湾風豆乳スープ……28
ホットワイン……30
卵豆腐と小ねぎの和スープ……32
豆腐と三つ葉の和スープ……33
レモネード……34
鶏ささみのスープ……35

Part 3
体のめぐりをよくする
デトックススープ……38

モロヘイヤ、春雨、わかめのエスニックスープ……40
もち麦、キムチ、豆苗《とうみょう》のスープ……42

なめこちくわ汁……44
納豆とオクラのみそスープ……45
しらたきのカレースープ……46
しらたきと鶏手羽のフォー風スープ……47
きのこのミルクスープ……48
大根と鶏とトマトの中華風スープ……49

Part 4
体調がすぐれないときの
養生スープ……52

梅、しらす、昆布の和スープ……54
薬味汁……56
シンプルトマトスープ……58
レンジ卵酒……59
もずく酢の酸辣湯《サンラータン》風……60

豆腐の豆乳スープ……61
ねぎ塩チキンスープ……62
カチュー汁……64

Part 5
ぐっすり快適な睡眠を誘う
安眠スープ……68

かつお節としょうがのスープ……70
とろろ昆布とねぎのスープ……72
レタスの温玉スープ……74
クリームコーンスープ……75
豆乳みそスープ……76
三つ葉と麩の和スープ……77

Part 6
元気を出したいときに
パワースープ……80
トマ豚汁……82
クイックチャウダー……84
チリコンカン風スープ……86
ツナとコーンのカレースープ……87
キムチとわかめの韓国風スープ……88
トムヤム風スープ……89
タッカンマリ風スープ……90
さば缶のみそスープ……91

Part 7
具がいろいろ入った
おかずスープ……94
クイック豚汁……96
カット野菜のジュリエンヌスープ……98
白菜とほたてのスープ……100
ブイヤベース風スープ……101
三つ葉ともやしのワンタンスープ……102
坦々《たんたん》スープ……103
豚肉とニラのシンプルスープ……104

Part 8
小腹がすいたときに
食べるスープ……106
トマトと豆のパスタスープ……108

焼きおにぎりと揚げ玉のスープ …… 110
即席カレーうどん …… 112
梅ささみにゅうめん …… 113
参《サム》鶏《ゲ》湯《タン》風スープ …… 114
かんたん潮汁《うしおじる》 …… 115

Part 9
冷凍野菜で作る
クイックスープ …… 116
ブロッコリーと卵のスープ …… 118
揚げなすのみそスープ …… 120
刻みオクラとベーコンのスープ …… 122
ささみとほうれん草のすまし汁 …… 123
和風根菜ミックスとさつま揚げの和スープ …… 124
洋風野菜ミックスとソーセージのトマト風味スープ …… 125

素材別索引 …… 126

COLUMN ❶ だしとの上手な付き合い方 …… 24
COLUMN ❷ おいしさを決める3つの要素 …… 36
COLUMN ❸ あると便利な調味料 …… 50
COLUMN ❹ 休日は、とっておきのスープをストック …… 66
COLUMN ❺ 冷凍保存しておくと助かる食材 …… 78
COLUMN ❻ 1分みそ玉スープのすすめ …… 92

○本書の計量の単位は、
大さじ1＝15㎖、
小さじ1＝5㎖、
1カップ＝200㎖です。

5分スープ、基本の作り方

3ステップで完成！

「5分スープ」はその名の通り、
調理してから食べるまで5分で完成するスープ。
調理道具も包丁とまな板、
そして小さな鍋ひとつあれば十分です。
火の通りやすい食材を切り、
だし汁でさっと煮て、味をつけるだけ。
どれもこの3ステップで完成します。

step **1**

切る

食材を用意し、切る。包丁でもいいし、キッチンばさみを使っても。

step **2**

煮る

だし汁やスープの素で食材を煮る。

step **3**

味をつける

みそやしょうゆ、塩などで味をつける。

Part 1

朝にうれしい
目覚めのスープ

朝、体をシャキッと目覚めさせるために必要なのは、
寝ている間に下がった体温を上げて、体をポカポカさせること。
温まることで、体の、そして心のエンジンがかかるのです。
そのためにとりたいのは、炭水化物とタンパク質が
バランスよく組み合わさった食事です。

なぜなら、体にとり入れた炭水化物（糖質）を
エネルギー源に変えて、
タンパク質が体の代謝を上げてくれるから。
代謝が上がるということは、体が温まるということ。
このパートでは、卵、豆乳、ベーコンやソーセージなどの
タンパク質源をメインに使ったスープをご紹介しています。
あとはパンやごはんを添えれば、ばっちり。
朝のおいしいスープを楽しみに、
ベッドから勢いよく起き上がれる！
そんな６つのレシピ、ぜひ作ってみてください。
さぁ、今日も１日がんばりましょう。

えのきの落とし卵汁

材料（1人分）
えのき……小1/4パック（25g）
卵……1個
だし汁……1カップ
しょうゆ……小さじ1
（あれば）三つ葉……少々

作り方

1 えのきは根元を切り落とし、3㎝長さに切る。

2 小鍋にだし汁をひと煮立ちさせてから1を加え、だしがとろっとしてきたらしょうゆを入れる。

3 卵を割り入れ、卵が好みのかたさになるまで煮る。仕上げに、あれば三つ葉のざく切りを散らす。

卵は少しやわらかめに火を入れて、食べるときに途中で黄身をくずしながらからめると2倍楽しめる。

えのきで食物繊維が手軽に補える。

えのきからだしが出るので、調味料は少しでOK。

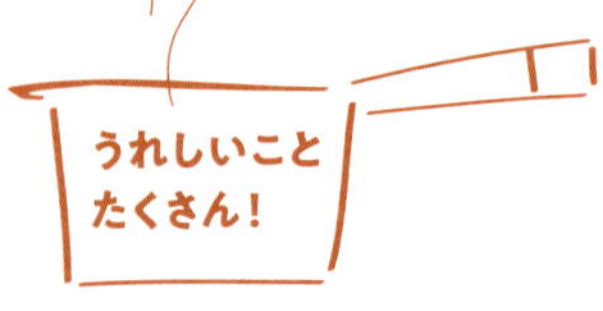

おいしいメモ

食物繊維豊富なえのきをメインにしたスープで体をリセット。きのこは、えのきのほかにしめじやしいたけなどを加えても、冷凍きのこミックス（P79）を使っても。冷凍きのこで作る場合は、水から煮ると旨みがしっかり出ます。

落とし卵は
途中で割って
2度おいしく

BLTスープ

材料（1人分）

ベーコン……1枚
ミニトマト……3個
レタス……小1枚
水……1カップ
コンソメ（顆粒）……小さじ1/2
こしょう……少々

作り方

1 ベーコンは1cm幅に、ミニトマトは半分に切り、レタスはひと口大にちぎる。

2 小鍋に水を入れて沸かし、コンソメを入れて溶かしたら**1**を加え、ひと煮立ちさせる。こしょうをふって味をととのえる。

レタスには体をすっきりさせる食物繊維やカリウムが含まれる。レタスとベーコンから旨みがしっかり出るので、コンソメは少しで十分、塩もなし。

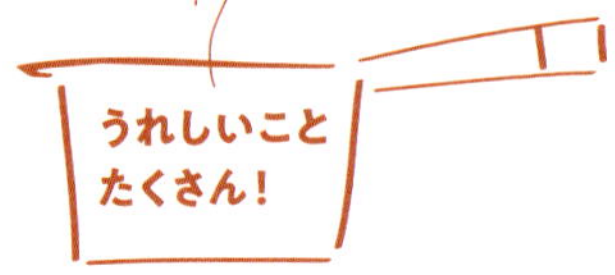

おいしいメモ

BLTとは「ベーコン・レタス・トマト」のこと。レタスは生で食べるよりも加熱することで量をたっぷり食べられるから、好みで増やしても。トマトは加熱すると甘みをより感じ、一層おいしくなります。サラダ感覚でさっと作れて体も温まるスープです。

レタスの香りが
体をシャキッとさせてくれる

キャベツとソーセージのスープ

材料（1人分）

キャベツ……1/2枚
ソーセージ……1本
水……1カップ
コンソメ（顆粒）……小さじ1/2
トマトケチャップ……小さじ1/2
塩、こしょう……各少々
粉チーズ……少々

作り方

1 キャベツはひと口大のざく切りに、ソーセージは小口切りにする。

2 小鍋に水を入れて沸かし、コンソメを入れて溶かしたら**1**を加え、2〜3分煮る。

3 ケチャップ、塩、こしょうを入れて味をととのえ、仕上げに粉チーズをふる。

キャベツには免疫力アップのビタミンCが豊富。芯にも栄養があるので、薄切りにして使って。塩分は、少しのコンソメとソーセージの塩けをベースにしているので、最後の塩は入れすぎないように。

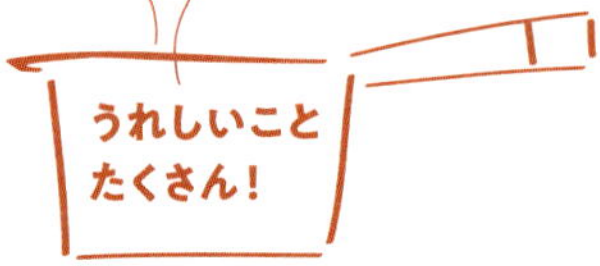

おいしいメモ

寝ている間に下がった体温を上げて元気に1日を始めるために必要なタンパク質は、ソーセージでとります。隠し味に入れたケチャップの酸みと甘みが、塩分控えめでも「物足りなさを感じない味」にするポイント。

隠し味はケチャップの酸みと甘み

豆乳みそ汁

仕上げの七味が
塩分控えめの秘密

材料（1人分）

小松菜 ---------- 小1株（30g）
だし汁 ---------- 3/4カップ
豆乳（無調整）---------- 1/4カップ
みそ ---------- 大さじ1/2
七味唐辛子 ---------- 少々

作り方

1 小松菜は3㎝長さのざく切りにする。

2 小鍋にだし汁をひと煮立ちさせてから1を加え、小松菜に火が通ったら弱火にして豆乳を加える。温まったら、みそを溶き入れ、すぐに火を止め器によそう（豆乳は煮すぎると分離してしまうので、煮立たせないこと）。七味唐辛子をふる。

おいしいメモ

青菜は、下ゆでいらずの小松菜を使うことで時短スープに。ほかには三つ葉やチンゲン菜がおすすめです。七味を使うことで味が締まり、みそが少量でもおいしく仕上がります。

中華風コーンクリームスープ

材料（1人分）

クリームコーン缶（味なし）
…… 1缶（190g）
溶き卵 …… 1個分
水 …… 1/2カップ
鶏がらスープの素 …… 小さじ1
塩、こしょう …… 各少々

作り方

1 小鍋にクリームコーン缶と水を入れてかき混ぜながら温め、鶏がらスープの素を加えて溶かす。

2 ふつふつと沸いたら溶き卵をまわし入れ、塩、こしょうで味をととのえる。

おいしいメモ

寒い朝に体を温め、お腹にもたまるうれしい1杯。コーンの甘みが心と体をホッとさせてくれます。卵で朝に欠かせない良質なタンパク質を、コーンで食物繊維をとり入れます。

起きたての
体にしみる
やさしい味

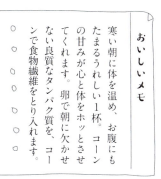

トマトと卵のスープ

材料（1人分）

トマトジュース（無塩）………1カップ
卵………1個
バター………小さじ1
コンソメ（顆粒）………小さじ1/2
塩………少々
（あれば）オレガノ（乾燥）………少々

作り方

1 小鍋にバターを入れて火にかけ、バターが溶ける前にトマトジュースとコンソメを入れる。

2 煮立ったら卵を落として菜箸などでくずし、フタをして約1分煮る。塩で味をととのえる。器によそい、仕上げに、あればオレガノをふる。

包丁いらずで作れる！

トマトに含まれる抗酸化作用の強いリコピンは、油といっしょにとることで吸収率がアップ。バターはコク出し効果だけでなくリコピンの吸収を助ける役割も。

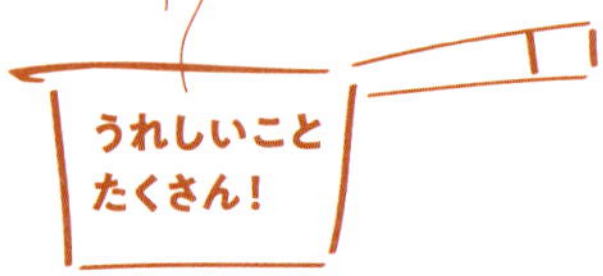

おいしいメモ

卵は溶いてから入れるのではなく、鍋中に割り落としてから混ぜることにより、トマトジュースとよくからんでまろやかな味わいに。ハーブはスパイスでも生でも。バジルでもおいしいですよ。

トマトジュースで作る本格派

COLUMN 1

だしとの上手な付き合い方

この本のスープの特徴は、調味料はなるべく少なく、野菜や肉、豆など素材そのものの旨みや香り、風味を味わえること。そして、「おいしい！」と感じる味わいであることです。

そのポイントは「だしの使い方」にあります。

だしをまったく使わずに作ると、味に物足りなさを感じ、つい塩やしょうゆなどを足して、塩分高めのスープになってしまいがち。そこで本書では、市販のだしをほんの少し使うレシピをご紹介しています。だしは、入れすぎるとその味ばかりが強くなってしまうけれど、少しだけ使えば、味にメリハリがつき、むしろ素材の味が引き立ちます。

だしは、大きく分けて、「和風だし」「洋風だし（コンソメ）」「中華風だし（鶏がらスープの素）」の3種類。食材の持つ旨みとベストバランスのだしの分量をご紹介しています。

「和風だし」は、市販のだしでもいいけれど、削り節にお湯を注ぐだけでできる「簡単和風だし」のとり方も知っておくと便利です。

市販のだし3種

中華風だし

中華風スープには「鶏がらスープの素」を使います。時間のあるときに作りおいた「鶏のスープストック」(P66 〜 67)を使うと、よりおいしくできます。

洋風だし

洋風のスープには「コンソメスープの素」を使います。本書では少量でも使いやすい顆粒だしを使っていますが、キューブの場合はナイフなどで削って使ってください。

和風だし

材料に「だし汁」とあったら、かつお風味の「和風だし」を使います。市販の「だしパック」などからとったものを使ってもいいでしょう。

お湯を注ぐだけでできる!

簡単和風だし

材料(1人分)

削り節 ………… 大1パック(4g)

熱湯 ………… 200ml

＊できあがりは約180ml

作り方

ボウルにざるを重ねて削り節を入れ、熱湯を注ぐ。そのままフタをして3分蒸らしてから、こす。

Part 2

心と体をゆるめる
リラックススープ

ゆったりくつろぐためには、
イライラした気持ちを落ち着かせるカルシウムや
よい香りのする柑橘類、香味野菜、ハーブ、
そして消化しやすい食材が適しています。
カルシウム源としてとくにおすすめなのが、桜えび。

旨みも香ばしさもあるので、
少し入れるだけで味が深まります。
また、オレンジやレモンに含まれる香り成分も
気持ちをリラックスさせる作用があります。
体を温めるタンパク質は
豆腐、油揚げ、豆乳などの植物性のものや、
脂の少ない鶏ささみなどで。
ホッとひと息つきたいな、と思ったら、
このパートを開いてください。
やさしく寄り添ってくれるスープに出会えます。

台湾風豆乳スープ

材料（1人分）

油揚げ……1/4枚
桜えび……ひとつまみ
ザーサイ……小2～3枚（10g）
豆乳（無調整）……1カップ
鶏がらスープの素……小さじ1/2
しょうゆ……小さじ1/4
ラー油……少々

作り方

1 油揚げは短冊切りに、ザーサイはざく切りにする。

2 小鍋に豆乳と鶏がらスープの素を入れて温め、油揚げを加えて再度、表面がふつふつする程度に温める（豆乳は煮立たせすぎないように注意）。

3 桜えびとザーサイを加えてひと混ぜし、しょうゆを加えて味をととのえる。器によそいラー油をたらす。

桜えびは、女性には不足しがちなカルシウムや鉄を含む食材。なかでも自律神経の乱れをととのえてくれるカルシウムが多い。

豆乳には、女性ホルモンに似た働きをするイソフラボンが豊富。イソフラボンにも気持ちをおだやかにする作用が。

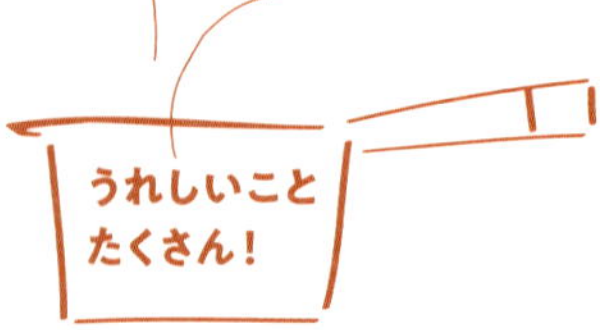

おいしいメモ

鶏がらスープとザーサイの塩けをベースにしたやさしい味わいのスープです。しょうゆは風味づけなので入れすぎないように。なんだか最近イライラしがちかも……と感じたらぜひ作って。

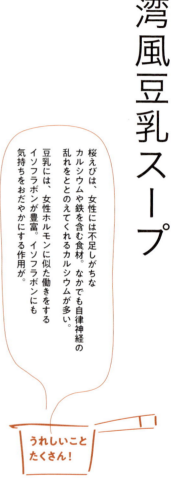

桜えびの
旨みが
五《ご》臓《ぞう》六《ろっ》腑《ぷ》に
しみわたる

ホットワイン

材料（1人分）

赤ワイン ………… 1カップ
オレンジ ………… 1個
砂糖 ………… 大さじ2
シナモンスティック ………… 1本

作り方

1 オレンジを半分に切り、ひとつは果汁を搾り、もうひとつは1cm厚さの半月切りにする。

2 小鍋に**1**と残りのすべての材料を入れて火にかけ、沸騰させないように温める。

おいしいメモ

オレンジ1個分を使ったスパイシーでフルーティーなホットワインです。オレンジの香りにはリラックス効果があるので、香りも楽しみましょう。ただし、アルコールに弱い方は控えめに。飲みすぎるとかえって神経が高ぶってしまう場合も。

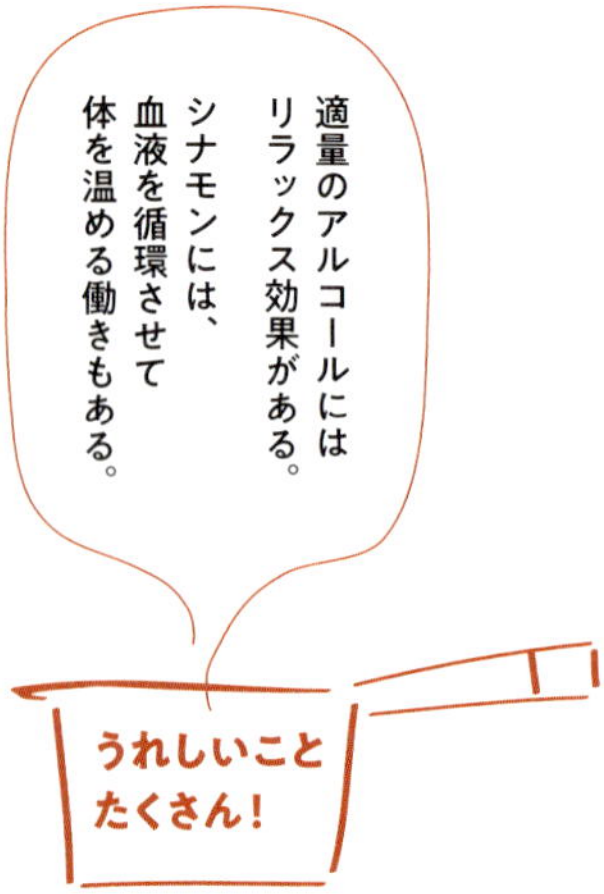
適量のアルコールには
リラックス効果がある。
シナモンには、
血液を循環させて
体を温める働きもある。
うれしいこと
たくさん！

オレンジがまるっと
1個入ったスイートな1杯

卵豆腐と小ねぎの和スープ

材料（1人分）

卵豆腐 ………… 小1パック（80g）
小ねぎ ………… 1本
水 ………… 1カップ
卵豆腐のたれ ………… 1袋
しょうゆ ………… 少々
削り節 ………… 少々

作り方

1 卵豆腐は1cm角のさいの目切りに、小ねぎは小口切りにする。

2 小鍋に水と卵豆腐のたれを入れて温めたら、しょうゆで味をととのえ、**1**を加えてひと煮立ちさせる。器によそい、削り節をのせる。

まろやかな、飲む茶碗蒸し!?

おいしいメモ

まるで茶碗蒸しのような味わいは、緊張した心と体にすっと寄り添ってくれます。消化がよくお腹にもやさしいスープです。

豆腐と三つ葉の和スープ

三つ葉をたっぷり入れて

材料（1人分）

豆腐……50g
だし汁……1カップ
塩昆布……ひとつまみ（3g）
しょうゆ……少々
三つ葉……2本
白炒りごま……少々

作り方

1 小鍋にだし汁と塩昆布を入れて温めたら、水けをきった豆腐をくずしながら入れる。

2 ひと煮立ちさせたら、しょうゆで味をととのえ、ざく切りにした三つ葉と白炒りごまを散らす。

おいしいメモ

三つ葉は緑黄色野菜なので栄養価が高く、β-カロテンを含むので、喉や粘膜を保護してくれます。三つ葉の香り成分には鎮静作用もあるので、眠れない夜にもおすすめの1杯。

レモネード

材料（1人分）

レモン……1個
はちみつ……大さじ2
熱湯……1カップ

作り方

1 レモンは5㎜厚さの輪切りを1枚作り、残りは果汁を搾る。

2 カップにレモン果汁とはちみつを入れ、熱湯を注ぎ、レモンの輪切りを浮かべる。

おいしいメモ

レモンに含まれるビタミンCは、ストレスに対抗する力を高めてくれます。またクエン酸には疲労物質である乳酸の分解を促す働きもあるので、「一日立ちっぱなしで疲れた」というときにはぜひ。夏は冷たくしても。

温かいカップを両手で包んで、ほっとひと息

体が喜ぶ滋味あふれる1杯

鶏ささみのスープ

材料（1人分）

スープストックをとった鶏ささみ（P66）
……1/2本

小松菜……小1株（30g）

鶏ささみのスープストック（P66）
……1カップ

こしょう……少々

作り方

1 小松菜は4cm長さに切る。鶏ささみは手でほぐす。

2 小鍋でスープストックを温めたら**1**を入れてひと煮立ちさせ、こしょうをふる。

おいしいメモ

鶏ささみは、低脂肪、高タンパク質で消化のよい食材なので、夜遅く帰ったときにもおすすめ。ビタミンB_6が多く、美肌作りなど女性にうれしい効果も。

COLUMN 2

おいしさを決める3つの要素

ひと口飲んで「おいしい!」と感じるか、「いまひとつ」と感じるか。わたしたちが「おいしい!」と感じるためには、「旨み」「香り」「塩け」という3つの要素がポイント。この3つが合わさることで、スープの「おいしい」は作られるのです。

香り

しそやねぎ、みょうがやしょうが、にんにく、三つ葉などの香りです。口の中にふわっと広がる香りが食欲をそそります。香りはおいしさを決める重要な要素なので、たとえば鼻が詰まっていると、おいしさは感じにくくなります。

旨み

「旨み」を感じる成分は主に2つ。植物性の食材に含まれる「グルタミン酸」と動物性の食材に含まれる「イノシン酸」です。グルタミン酸を豊富に含む食材は昆布やトマト、玉ねぎ、ブロッコリーやきのこ類など。意外なところではチーズにも含まれています。イノシン酸を豊富に含むものは、かつお節や煮干し、さばや鶏肉、豚肉、牛肉など。

塩け

塩けは塩梅《あんばい》が大切です。塩やしょうゆなどを入れすぎると素材の個性が消えてしまい、どのスープを飲んでも同じ味に。とはいえ、少なすぎると物足りなく感じてしまいます。体調によってもおいしく感じる量は変わりますから、「味をととのえる」ときに味見しながら加減して。なお、市販のスープの素は「旨み」と「塩け」を固めたものです。

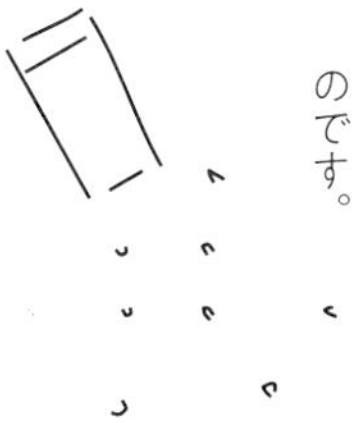

Part 3

体のめぐりをよくする
デトックススープ

「デトックス」とは、体から有害物質を排出し、
体内をきれいにすること。
そのために大切なのは、食物繊維の多い食材を中心にとり、
腸内環境を整えることです。
腸内がきれいになると、便秘、肌荒れ、肌のくすみが解消。

血液の流れもよくなるので、肩こりや冷え性も改善され、
体が軽く感じられます。

このパートのスープでは、わかめ、もち麦、きのこ類、納豆、
しらたきなど、食物繊維が豊富で、料理しやすい食材を
使っています。

また野菜は、モロヘイヤ、オクラ、大根などの
火が通りやすくデトックス力の高いものをとり入れています。

なんだか最近体が重い……そんなふうに感じたら、
ここで紹介するスープが、きっとサポートしてくれます。

モロヘイヤ、春雨、わかめのエスニックスープ

材料（1人分）

モロヘイヤの葉 ……… 1/3束分（30g）
春雨（早戻しタイプ）……… 8g
カットわかめ ……… 大さじ1/2（1g）
水 ……… 1と1/2カップ
鶏がらスープの素 ……… 小さじ1/2
ナンプラー ……… 小さじ1
こしょう ……… 少々

作り方

1 モロヘイヤはざく切りにして耐熱性のボウルに入れ、ラップをかけて電子レンジ（600W）で30秒加熱する。

2 小鍋に水を入れて沸かし、鶏がらスープの素を入れて溶かしたら、春雨、わかめを入れて戻るのを待つ。**1**を加え、ナンプラーで味をととのえ、こしょうをふる。

緑黄色野菜のモロヘイヤは
栄養価が高く食物繊維も豊富。
わかめも水溶性の食物繊維が多く
デトックス作用の高い食材。
低カロリーなのもうれしい。

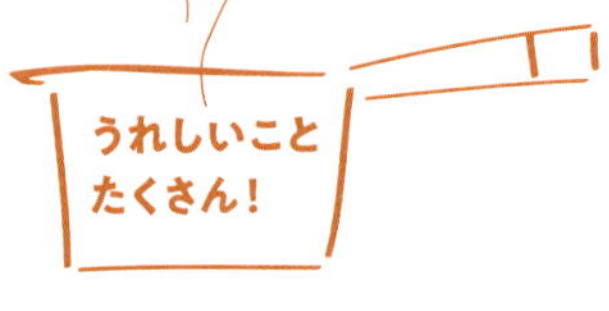

おいしいメモ

ナンプラーを少し入れることでアジアンテイストに。モロヘイヤの旬は7月～9月なので、旬を逃さず楽しんで。アクの少ない野菜なので、電子レンジを利用すれば手軽に使えます。

栄養満点で
イライラも
解消

もち麦、キムチ、豆苗《とうみょう》のスープ

材料（1人分）

ゆでもち麦……1/2カップ（50g）
キムチ……大1枚（50g）
豆苗……1/3パック（30g）
水……1と1/2カップ
鶏がらスープの素……小さじ2/3
しょうゆ……小さじ1/2
ごま油……少々

作り方

1 キムチはひと口大のざく切りに、豆苗は食べやすい長さに切る。

2 小鍋に水を入れて沸かし、鶏がらスープの素を入れて溶かしたら、ゆでもち麦、キムチを加えて再度煮立てる。豆苗を加え約1分煮て火が通ったらしょうゆで味をととのえる。器によそい、ごま油をたらす。

もち麦は、食物繊維が豊富で
血糖値の急上昇を防ぐため、
太りにくく、
ダイエットにも適した食材。
緑黄色野菜の豆苗にはβ-カロテンや
ビタミンCが多く含まれる。

おいしいメモ

おいしさの秘密は、最後にたらすごま油。その香りとコクが食欲をそそります。豆苗は食感も楽しみたいから加熱しすぎないこと。ゆでもち麦は冷凍ストックしておくと、すぐに使えて便利です（P79）。

食物繊維
たっぷりで
体スッキリ

なめこちくわ汁

ちくわから出る旨みと甘みが味の決め手◎◎

材料（1人分）

- なめこ……1袋
- ちくわ……1本
- だし汁……1カップ
- しょうゆ……小さじ1/2
- 刻みのり……少々

作り方

1. なめこはさっと洗ってざるに上げる。ちくわは斜め切りにする。
2. 小鍋にだし汁とちくわを入れて火にかけ、ひと煮立ちさせたら、なめこを加えて再度ひと煮立ちさせる。
3. しょうゆで味をととのえ、器によそい、刻みのりをのせる。

おいしいメモ

ちくわから出る塩けと旨みをベースにした、ほんのり磯の香りが漂うスープ。なめこのヌルヌルネバネバ成分は水溶性の食物繊維なので、デトックス作用バツグン。ちくわをさつま揚げに替えても。

納豆とオクラのみそスープ

材料（1人分）

納豆………小1パック（30g）
オクラ………2本
だし汁………1カップ
みそ………大さじ1/2

作り方

1 納豆は添付のたれと混ぜ合わせる。オクラは小口切りにする。

2 小鍋でだし汁を温めたらオクラを加え、1～2分煮て、みそを溶き入れる。火を弱めて納豆を加え、ひと混ぜする。器によそい、添付のからしを溶き入れる。

2種類の
ネバネバ食材で
腸をととのえる

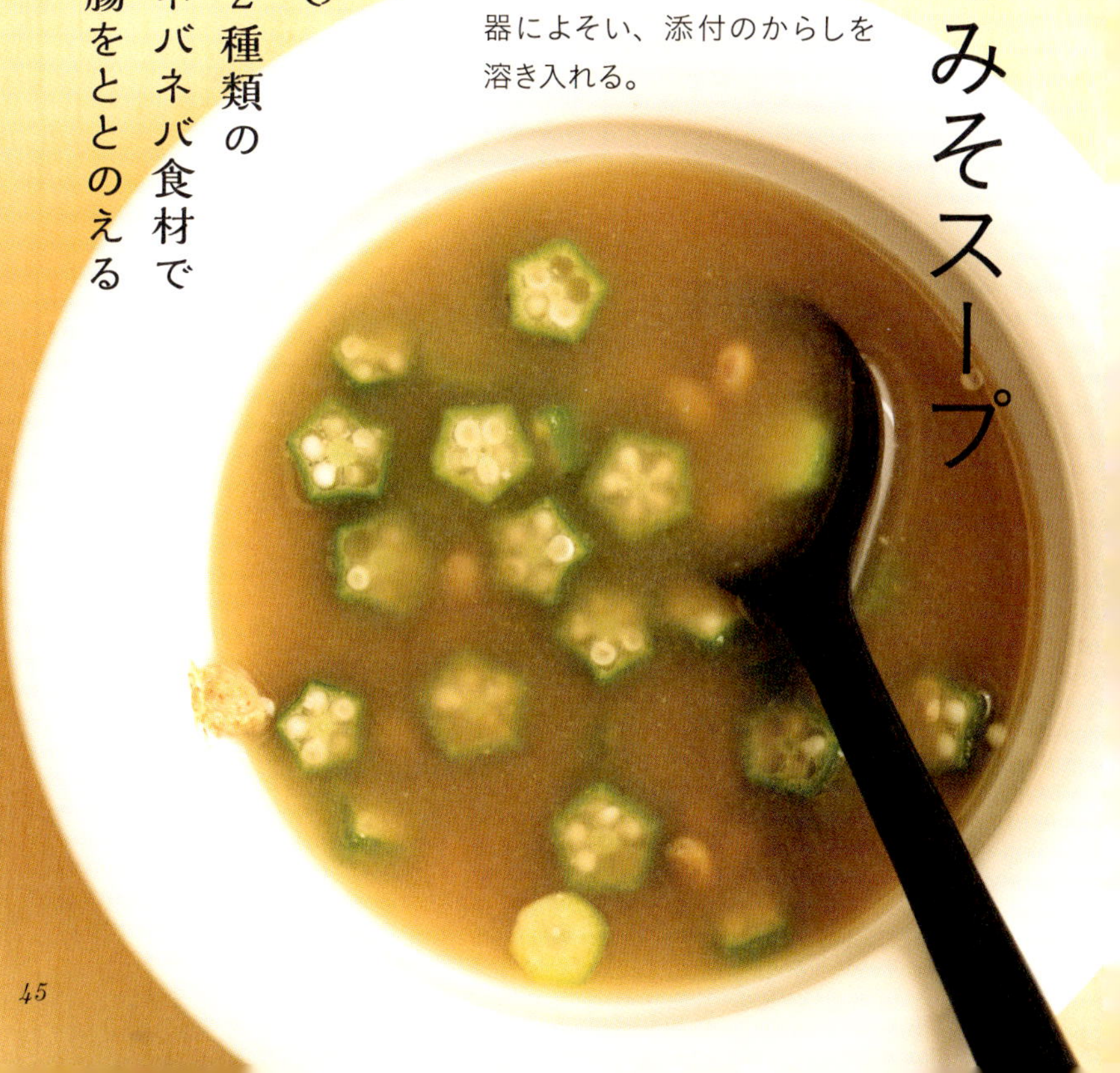

おいしいメモ

納豆は食物繊維はもちろん、ビタミンB_2も多く含み、口内炎や吹き出物予防、美肌を助ける作用も。オクラは水溶性食物繊維を含み腸内環境をととのえます。市販の冷凍刻みオクラを使っても。

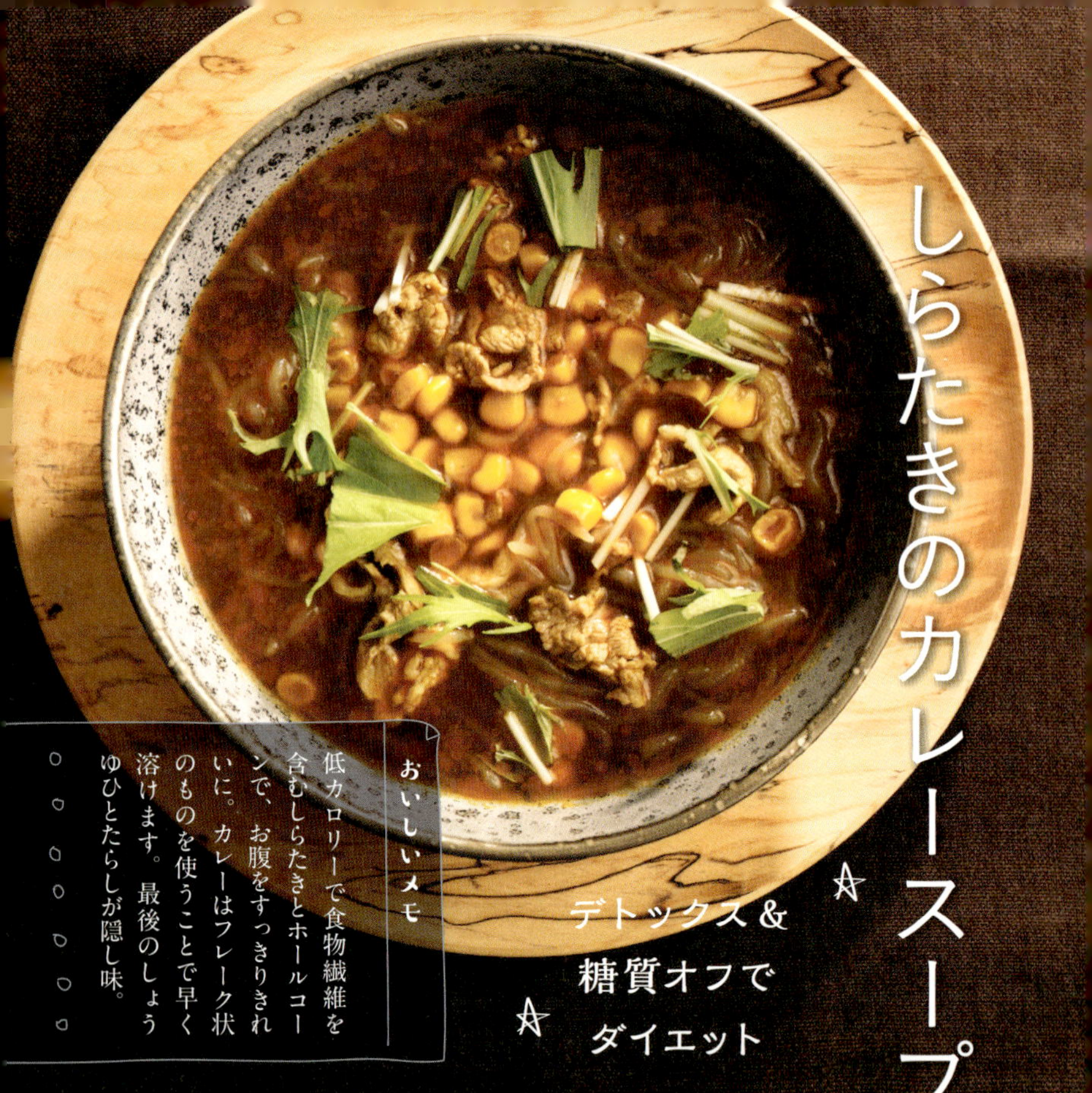

しらたきのカレースープ

デトックス＆糖質オフでダイエット

おいしいメモ

低カロリーで食物繊維を含むしらたきとホールコーンで、お腹をすっきりきれいに。カレーはフレーク状のものを使うことで早く溶けます。最後のしょうゆひとたらしが隠し味。

材料（1人分）

しらたき ……… 1/2玉（100g）
豚こま肉 ……… 4～5枚（30g）
ホールコーン缶 ……… 20g
水菜 ……… 1～2本
だし汁 ……… 1カップ
カレーフレーク
……… 大さじ山盛り1杯（15g）
植物油 ……… 小さじ1
しょうゆ ……… 小さじ1/2

作り方

1 水菜はざく切りにする。

2 小鍋に油を熱し、豚こま肉を炒め、食べやすい長さに切ったしらたきも加えてさっと炒める。

3 だし汁を入れてひと煮立たちさせ、火を止めてカレーフレークを加えて溶かす。ホールコーンを加え、再度火にかけて1～2分煮たら、しょうゆで味をととのえ、**1**を入れてひと混ぜする。

しらたきと鶏手羽のフォー風スープ

材料（1人分）

スープストックをとった

鶏手羽元（P67）……1本（50g）

小ねぎ……1本

もやし……ひとつかみ（10g）

しらたき……1/2玉（100g）

鶏手羽元のスープストック（P67）……1と1/2カップ

ナンプラー……小さじ1

パクチー……少々

レモン……1/8個

作り方

1 鶏手羽元はほぐして骨を取る。小ねぎは4~5cm長さに切る。

2 小鍋に鶏手羽元のスープストックを入れて温め、食べやすい長さに切ったしらたきを入れてひと煮立ちさせる。

3 1の鶏手羽元を入れて1～2分煮たらナンプラーで味をととのえる。器によそい、小ねぎ、もやし、レモン、パクチーを添える。

おいしいメモ

フォーの代わりにしらたきを使って低カロリーなスープに。鶏手羽元をゆっくり煮てコラーゲンを抽出したスープを使った贅沢な1杯。味はナンプラーとレモンでアジアン風に。

☆コラーゲンたっぷりエスニックスープ☆

きのこのミルクスープ

ほっとする
やさしい味わい

材料（1人分）

冷凍きのこミックス（P79）
　………1カップ（50g）
水………1/2カップ
牛乳………1/2カップ
コンソメ（顆粒）
　………小さじ1/2
塩、こしょう………各少々
粉チーズ、パセリのみじん切り
　………各少々

作り方

1 小鍋に水と冷凍きのこを入れて火にかけ、表面がふつふつしてきたら、牛乳、コンソメを加えて混ぜながら温める（牛乳の分離を防ぐため煮立てないこと）。

2 塩、こしょうで味をととのえ、粉チーズ、パセリをふる。

おいしいメモ

食物繊維が豊富なきのこたっぷりのスープ。冷凍きのこは水から加熱したほうが旨みがよく出ます。生のきのこ（しいたけ、しめじ、えのき、エリンギなど）を使う場合は水からではなく、コンソメスープが煮立ったところに入れて。

大根と鶏とトマトの中華風スープ

おいしいメモ

大根の食物繊維で腸内環境をととのえ、トマトのリコピンで美肌を作ります。加熱したトマトの甘みとごま油のコク、そして鶏の旨みの相性がばっちり。

肌のくすみが
気になったら、
すぐに飲みたい

材料（1人分）

大根 …… 細めのもの約2cm（50g）
鶏もも肉 …… 30g
ミニトマト …… 3個
水 …… 1カップ
鶏がらスープの素 …… 小さじ1/2
ごま油 …… 小さじ1/2
しょうゆ …… 小さじ1/2
こしょう …… 少々

作り方

1. 大根はせん切りにする。鶏もも肉はひと口大に切る。
2. 小鍋にごま油を熱して鶏もも肉を炒め、色が変わったら、大根とミニトマトを加えてさっと炒める。
3. 水を入れてひと煮立ちさせ、鶏がらスープの素を加えて溶かし、しょうゆで味をととのえる。仕上げにこしょうをふる。

COLUMN 3

あると便利な調味料

オイスターソース

牡蠣《かき》を主な原料とした調味料。強い旨みと甘みを持つので、少し入れることで味にインパクトが生まれます。

ナンプラー

塩漬けした魚を発酵させてできた調味料。旨みと塩分が強いのが特徴。ほんの少し入れることで、料理に旨みとコクが加わります。

トマトケチャップ

洋風のスープの隠し味に少し加えることで、やさしい甘みとほのかな酸み、そしてコクが生まれます。

ごま油

仕上げに少し入れることで、ごまの香ばしさが加わります。味が物足りないと感じたら、塩の前に、ごま油を1〜2滴たらしてみるのもおすすめ。

七味唐辛子

唐辛子が主で、山椒、麻の実、黒ごま、けしの実、青のり、しょうがなど7種の薬味や香辛料を調合したもの。ふると味にアクセントがつきます。

こしょう

ピリリと刺すような刺激的な辛みが特徴。黒、白、それぞれ粒状、粗びき、パウダーがあります。粗びきは仕上げにふると味が引き立ちます。

粉チーズ

洋風のスープやトマトスープなどの仕上げにひとふりすることで、少しの塩けと風味が加わり、味が引き締まります。

粉山椒

山椒《さんしょう》の実を粉末状にしたもので、鼻にツーンと抜け、少しピリッとした辛みもあります。みそスープに少し散らすだけで、いつもの味が洗練された味わいに。

Part 4

体調がすぐれないときの養生《ようじょう》スープ

体調が悪いときは、5分の料理だってしんどいものです。
だから、ここでは市販品を上手に使って、
なるべく手を動かす負担を少なく、
より手軽に作れるスープをご紹介しています。
体調不良の原因はさまざまですから、飲むべきスープも

熱を冷ます作用のあるもの、水分を補うためのもの、
体を温めるもの、といろいろ。
「おいしいメモ」を参考に、適したものを選んでください。
とはいえ、「今、飲みたい！」と思うものが体に必要な
スープでもあるので、難しく考える必要はありません。
体力や食欲が落ちているときでも
するっと体に入ってくれるよう、
喉ごしのよい食材を中心に使っていますので、
どんなスープが飲みたいかな？と体に問いかけてみましょう。

梅、しらす、昆布の和スープ

材料（1人分）

梅干し……大1個
しらす干し……10g
とろろ昆布……手のひら1杯分（3g）
熱湯……1カップ
（お好みで）しょうゆ……少々

作り方

1 カップにすべての材料を入れて熱湯を注ぎ、ひと混ぜする。

包丁どころか鍋も使わない！
とろろ昆布のグルタミン酸としらす干しの
イノシン酸、2つの旨み成分が
ミックスされておいしいだしになる。
しょうゆは風味づけのためなので
ほんの少しでOK。

おいしいメモ

なんだか体調がすぐれず「5分スープ」を作ることすらつらい。そんなときは究極のお助けスープを。梅干しのクエン酸が疲労回復に作用し、とろろ昆布やしらす干しに含まれるカルシウムが心をおだやかにしてくれます。

カップにお湯を注ぐだけの1分スープ

薬味汁

材料（1人分）

みょうが ………… 1個
小ねぎ ………… 1本
しそ ………… 1枚
削り節 ………… 小1/2パック（2g）
みそ ………… 小さじ2
熱湯 ………… 1カップ

作り方

1 みょうがと小ねぎは小口切りに、しそはざく切りにする。

2 器に削り節とみそを入れて熱湯を注ぎ、**1**を加えてひと混ぜする。

脇役になりがちなしそや小ねぎは緑黄色野菜。
粘膜を保護し、喉や呼吸器系を守る
β-カロテンが豊富なので、風邪予防に。
小ねぎはカルシウムも含む。

おいしいメモ

薬味は、好みに合わせて分量より多く入れてもOK。小ねぎは刻んでキッチンペーパーを敷いた保存容器に入れておくと水っぽくならず、冷蔵庫で約4日間おいしく食べられます。ぜひほかのスープにも入れて。

じつは
いいこといっぱいの
薬味が主役

シンプルトマトスープ

疲れて風邪をひきそう！
そんなときはこのスープ

材料（1人分）

- トマトジュース（無塩）……1カップ
- にんにく……1片
- コンソメ（顆粒）……小さじ1/2
- オリーブ油……小さじ1
- 塩、こしょう……各少々
- 粉チーズ……少々

作り方

1. にんにくの上に包丁を寝かせて押し当て、上から手でたたいてつぶす。
2. 小鍋にオリーブ油と1を入れて弱火にかけ、香りが立ってきたらトマトジュースとコンソメを加えてひと煮立ちさせる。
3. 塩で味をととのえたら器によそい、こしょうと粉チーズをふる。

おいしいメモ

トマトには抗酸化力が強く免疫力を高めるリコピンや、疲労回復作用のあるクエン酸が含まれます。にんにくの匂いが気になる場合は食べずに取り出して。

レンジ卵酒

昔から伝わる
養生スープを
手軽にレンジで

材料（1人分）

- 溶き卵……1個分
- 日本酒……1/2カップ
- 砂糖（または三温糖）……大さじ1
- おろししょうが……少々

作り方

1 カップに溶き卵、日本酒、砂糖を入れて電子レンジ（600W）で1分加熱して混ぜる。再度30秒加熱してよく混ぜ、おろししょうがを加える。

おいしいメモ

風邪予防には昔から「卵酒」といわれています。卵は栄養素がバランスよく揃った優秀食材。さらに半熟は、生や固ゆでで食べるよりも消化がよく、体にもやさしい。それを体を温めるホットなアルコールで飲むという、理にかなったレシピです。

もずく酢の酸辣湯《サンラータン》風

ちゅるりと入って癒やしてくれる

材料（1人分）

味つきもずく酢（市販）……1パック（約40g）
溶き卵……1個分
水……3/4カップ
鶏がらスープの素……小さじ1/2
ラー油……少々

作り方

1 小鍋に水を入れて沸かし、鶏がらスープの素を入れて溶かし、もずく酢を入れて温める。

2 溶き卵をまわし入れ、ふんわりしたら器によそい、ラー油をたらす。

おいしいメモ

酢には疲れをとる酢酸が豊富。疲れて食欲もない、でも食べないと……そんなときおすすめです。もずく酢は商品によって味が違うので、塩けは鶏がらスープの素で好みに調節してください。

真っ白なやさしいスープで体をいたわって

豆腐の豆乳スープ

おいしいメモ

大豆に含まれるレシチンは脳の活性化に働きかけ、記憶力や集中力を高める作用も。最近では脳の老化防止成分としても注目されています。疲れてうまく頭が働かない、そんなときに飲んでほしい1杯です。

作り方

1 白菜の葉はざく切り、芯はそぎ切りにしてラップで包み、電子レンジ（600W）で1分加熱する。豆腐は1cm角のさいの目状に切る。

2 小鍋に水と豆乳を入れて表面がふつふつする程度に温めたら（豆乳は煮すぎると分離してしまうので、煮立てないこと）、鶏がらスープの素を入れて溶かす。

3 **2**に**1**を入れ、2分ほど弱めの中火で煮たら、塩、こしょうで味をととのえる。仕上げにごま油と粉山椒をふる。

材料（1人分）

白菜……大1枚（30g）
豆腐……50g
水……1/2カップ
豆乳（無調整）……1/2カップ
鶏がらスープの素……小さじ1/2
塩、こしょう……各少々
ごま油、粉山椒……各少々

ねぎ塩チキンスープ

材料（1人分）

鶏手羽元のスープストック（P67）
……1カップ
長ねぎ……1/2本（50g）
こしょう……少々

作り方

1 長ねぎは小口切りにする。

2 小鍋で鶏手羽元のスープストックを温め、**1**を入れてひと煮立ちさせたら、こしょうをふって味をととのえる。

鶏手羽元にはタンパク質の一部であるコラーゲンが豊富。これは骨や皮膚、関節などを作る素となる。

コラーゲンは、肉にじっくり火を通すとスープに溶け出すので、スープ自体にうれしい栄養がいっぱい。

おいしいメモ

ストックしておいたスープに長ねぎを入れるだけ。スープストックの味をみて、塩けが強かったら水を足し、逆に足りなかったら塩を加えて。「鶏ささみのスープストック」（P66）や「豚肉のスープストック」（P67）で作っても。

細胞が生き返るおいしさ

カチュー汁

材料（1人分）

カチュー汁の素 …… 大さじ1

A
- とろろ昆布 …… 3g
- 削り節 …… 5g
- みそ …… 大さじ4

三つ葉 …… 1本

カットわかめ …… 大さじ1/4

熱湯 …… 1カップ

作り方

1. Aをよく混ぜ合わせてカチュー汁の素を作る。
2. 器に**1**を大さじ1と三つ葉とカットわかめを入れ、熱湯を注いで溶く。

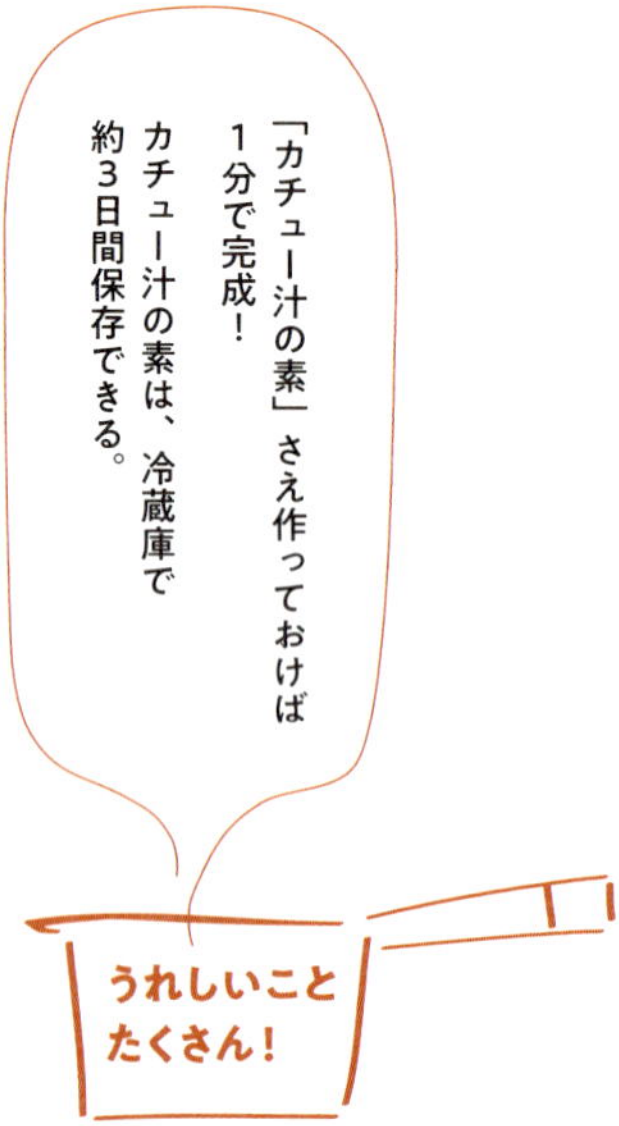

「カチュー汁の素」さえ作っておけば1分で完成！
カチュー汁の素は、冷蔵庫で約3日間保存できる。
うれしいこと
たくさん！

おいしいメモ

沖縄の郷土料理「カチュー汁」は削り節とみそを器に入れてお湯を注ぐだけ。それでも十分おいしいのは、動物性と植物性の旨みの相乗効果。ここではさらに、グルタミン酸を含むとろろ昆布もプラスして、作りおきできる「素」を作りました。食材は小ねぎや豆腐などでアレンジも楽しんで。

沖縄のインスタント郷土料理

COLUMN 4

休日は、とっておきのスープをストック

少し時間があるとき、ぜひ試してみてほしいのが、肉から出るだしでスープをとること。じっくり旨みを引き出す必要があるので、「5分で」というわけにはいきませんが、材料を鍋に入れたら、あとはほったらかしでOKという手軽さで、とてもおいしいスープができます。できたスープは、肉と別々に保存しましょう。わが家では、スープは密封保存袋に入れて冷凍庫に、肉は保存容器に入れて冷蔵庫にストックしています。これさえあれば、いつでも特別な「5分スープ」が楽しめます。

鶏ささみのスープストック

材料（作りやすい分量）

鶏ささみ……4本
水……5カップ
ねぎの青い部分……1本分
しょうがの薄切り……3～4枚
塩……小さじ1

作り方

1 鍋に水とねぎの青い部分、しょうがの薄切りを入れて沸騰させる。
2 鶏ささみと塩を入れて強火で1分煮たらアクを取り除く。
3 火を止めてフタをして約10分、余熱で火を通す。

→レシピはP35「鶏ささみのスープ」、P113「梅ささみにゅうめん」

鶏手羽元のスープストック

材料（作りやすい分量）

鶏手羽元 ……… 7～8本

水 ……… 6カップ

ねぎの青い部分 ……… 1本分

しょうがの薄切り ……… 3～4枚

塩 ……… 小さじ1

作り方

1 鍋にすべての材料を入れて強火で沸騰させる。

2 弱火にしてアクを取り除く。

3 フタをして約20分煮る。

→レシピはP47「しらたきと鶏手羽のフォー風スープ」、P62「ねぎ塩チキンスープ」

豚肉のスープストック

材料（作りやすい分量）

豚肩ロース肉 ……… 500～600g

水 ……… 5カップ

ねぎの青い部分 ……… 1本分

しょうがの薄切り ……… 3～4枚

塩 ……… 小さじ1

作り方

1 鍋にすべての材料を入れて沸騰させる。

2 強火で1分煮たらアクを取り除く。

3 弱火にし、フタをして約30分煮る。

→レシピはP104「豚肉とニラのシンプルスープ」

Part 5

ぐっすり快適な睡眠を誘う
安眠スープ

寝る前には、なるべく食事はしたくないもの。
でも、お腹がすくと眠れないもの。
そんなときは、消化がいい、そして小腹が満たされて、
心も体も落ち着くスープがおすすめです。
たとえば「かつお節としょうがのスープ」は、

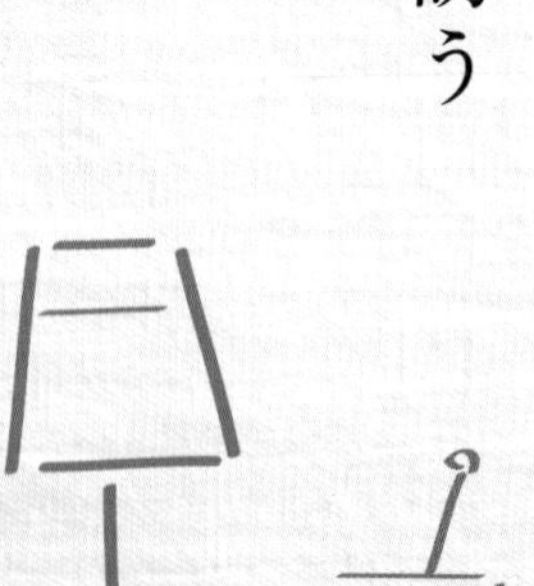

削り節の香りがホッとさせてくれます。
また卵や牛乳、豆乳には、
脳の興奮を抑えるアミノ酸が
含まれているので、
ベッドに入る前にとるのに適した食材です。
そして何よりスープそのものが
冷えた体を温め、安らかな眠りに誘ってくれる料理。
寝る前のナイトキャップならぬ、
ナイトスープを始めませんか？

かつお節としょうがのスープ

材料（1人分）

削り節 ………… ひとつまみ
おろししょうが ………… 少々
だし汁 ………… 1カップ
しょうゆ ………… 小さじ1

作り方

1 小鍋にだし汁を温め、しょうゆで味をととのえ、削り節、おろししょうがを加える。

低カロリーで消化に負担をかけないので
寝る前におすすめ。
しょうがに含まれるショウガオールには
体を温める働きがある。
この働きは、加熱調理したしょうがで
より大きく作用する。

おいしいメモ

夜寝る前は、なるべく手間をかけたくないもの。簡単にできて安眠の助けにもなるこんなスープがおすすめです。削り節の、どこか懐かしくおいしい香りで心をほぐしたあと、ベッドにさっともぐり込めば、すーっと眠りにつけそう。

しょうがで
体を温め、
だしの香りで
ほっと安らぐ

とろろ昆布とねぎのスープ

材料（1人分）

とろろ昆布 ……… 手のひら1杯分（4g）
長ねぎ ……… 5cm
だし汁 ……… 1カップ
しょうゆ ……… 少々

作り方

1. 長ねぎは小口切りにする。
2. 小鍋にだし汁を温め、とろろ昆布、1を入れ、ひと煮立ちさせたらしょうゆで味をととのえる。

とろろ昆布から出る旨み成分
グルタミン酸にはリラックス効果
もあるので、
やさしい眠りに誘ってくれる。
長ねぎに含まれるアリシンは
血行をよくして体を温めるほか、
疲労回復の助けにもなる。

おいしいメモ

とろろのちゅるるとした食感がやさしく楽しい1杯。とろろ昆布の旨みと磯の風味、そして塩けを生かしたおだやかな味わいも魅力。紅茶やコーヒーをいれるのと同じ感覚でさっと作って。

まろやかな旨みと
スッとした香りが
よく合う

半熟卵が安らかな眠りへの近道

レタスの温玉スープ

材料（1人分）

レタス……大1枚
温泉卵……1個
水……1カップ
コンソメ（顆粒）……小さじ1/2
塩、こしょう……各少々

作り方

1 レタスはせん切りにする。

2 小鍋に水を入れて沸かし、コンソメを入れて溶かしたらレタスを入れてひと煮立ちさせる。

3 塩で味をととのえ、温泉卵を割り入れ、こしょうをふる。

おいしいメモ

卵は「半熟」が消化によく体に負担をかけません。また、ひと口ごとにふわっと広がるレタスの香りも心の緊張をやわらげてくれます。くたくたに煮たレタス、歯ごたえの残るレタス、どちらもおいしいので加減はお好みで。

クリームコーンスープ

温かいミルクと
コーンの甘さが
やさしい

材料（1人分）

クリームコーン缶（味なし）………1/2カップ
牛乳………1/2カップ
コンソメ（顆粒）………小さじ1/2
塩、こしょう………各少々

作り方

1 小鍋に牛乳、クリームコーンを入れてかき混ぜながら温め（牛乳は煮すぎると分離するため煮立てないこと）、コンソメを入れて溶かし、塩、こしょうで味をととのえる。

おいしいメモ

牛乳に含まれるカルシウムは心を落ち着かせてくれます。ほのかに甘いクリームコーンを加えることでやさしい味わいに。こわばった体がふっとゆるむ1杯です。材料を混ぜるだけの手軽さもうれしい。

豆乳とみそに青のりが好相性

豆乳みそスープ

材料（1人分）

- 豆乳（無調整）……1/2カップ
- みそ……大さじ1/2
- だし汁……1/2カップ
- 青のり……少々

作り方

1 小鍋に豆乳、だし汁を入れて表面がふつふつする程度に温める（豆乳が分離しないよう気をつける）。弱火にしてみそを溶き入れ、器によそい、青のりをふる。

おいしいメモ

女性ホルモンと似た働きをするイソフラボンを含む豆乳ベースのスープ。生理痛や更年期などが原因でなんとなく体調も気分もすぐれず寝つけない、そんなときにおすすめの1杯。

三つ葉の香りでリラックス

三つ葉と麩の和スープ

材料（1人分）

三つ葉……1本

麩……5個

だし汁……1カップ

しょうゆ……小さじ1

作り方

1 三つ葉はざく切りにする。

2 だし汁を温め、しょうゆで味をととのえ、麩、三つ葉を加えてひと煮立ちさせる。

おいしいメモ

三つ葉の香りにはリラックス作用があるので、気持ちがざわざわしているようなときに、ぜひ食べたい食材。喉や鼻の粘膜を保護するβ－カロテンも含むので、風邪気味かな？と感じたときにもおすすめです。

COLUMN 5

冷凍保存しておくと助かる食材

スープ作りに活用できる、冷凍しておくと便利な食材をご紹介します。

おすすめは、「油揚げ」「きのこミックス」「もち麦」の3つ。わが家の冷凍庫にも、いつもこれらの食材が入っています。冷凍保存のコツは、食材の封を開けて使うときに、ついでにすべて切る、もしくはゆでるなどしてしまい、今使う分を取り除いた残りを、冷凍すること。具をもう少し増やしたいな、というときにすぐに使える手軽さが魅力です。約2週間保存できます。

油揚げ

好みの幅の短冊切りにし、1食分ずつラップに包み、さらに保存袋に入れて冷凍庫へ。冷凍したものをそのままみそ汁やうどんなどに入れ、ひと煮立ちさせるだけでOK。

もち麦

鍋に湯を沸かし、もち麦を加えて約15分、フタはせずにゆで、ざるに上げ粗熱をとる。保存袋に入れて平らにならし、冷凍庫へ。使う分だけポキッと折り、温めただしやスープに入れる。ほかに、ごはんに混ぜ込んで炊いたり、サラダのトッピングとして使っても。

きのこミックス

きのこ数種類（えのき、しいたけ、しめじ、まいたけなど）を同量ずつ用意する。石づきを切り落とし、えのきは半分に切り、しいたけの軸は小口切りに、傘は薄切りに、しめじやまいたけはほぐす。保存袋に入れ、平らにならして空気をしっかり抜いてから冷凍庫へ。凍ったままだしやスープに入れて使う。

冷蔵しておくと便利なものはこれ！

冷凍でもいいですが、毎日のように使うので、わが家では常に冷蔵庫に入れてスタンバイさせています。3日を目安に食べきります。

○**小ねぎ**……小口切りにしたら保存容器に入れて冷蔵庫へ。

○**ほうれん草などの青菜（小松菜、チンゲン菜）**……熱湯で約1分ゆでてから水けを絞り、約5cmの長さに切って保存容器に入れ、冷蔵庫へ。

Part 6

元気を出したいときに パワースープ

体をつくる素となるのは、タンパク質。
このパートでは、肉や魚介、豆をメインに使ったスープをご紹介します。
魚介類は、エネルギーを生み出す肝臓に働きかける力もあります。

あさり水煮缶やツナ缶、さば缶を使うことで、
手軽に効率よくとり入れることができます。
また、代謝を促し、体を温める
唐辛子やニラ、しょうが、
カレー粉などを使っているのもポイント。
ごはん1杯、おにぎり1個、パン1枚を添えるだけで
しっかり栄養バランスがとれるスープばかりです。
忙しくてあれこれ作っている暇がない！そんなときこそ、
「5分スープ」でしっかり栄養補給をしてください。

トマ豚汁

材料（1人分）

トマト ………… 1/4個
豚こま肉 ………… 30g
だし汁 ………… 1カップ
みそ ………… 大さじ1/2
トマトケチャップ ………… 小さじ1
小ねぎ ………… 少々

作り方

1 トマトはざく切りに、小ねぎは小口切りにする。

2 小鍋にだし汁を煮立て、豚こま肉を加えて色が変わったらトマトを入れ、ひと煮立ちさせる。

3 弱火にしてみそを溶き入れ、ケチャップを加えてひと混ぜしたら器によそい、小ねぎを散らす。

おいしいメモ

豚肉は糖質をエネルギーに変えるビタミンB_1を多く含んでいるので、ごはんといっしょに食べるといいですね。加熱したトマトは甘みが強くなり、みそと意外なほどよく合います。隠し味のケチャップも効いています。

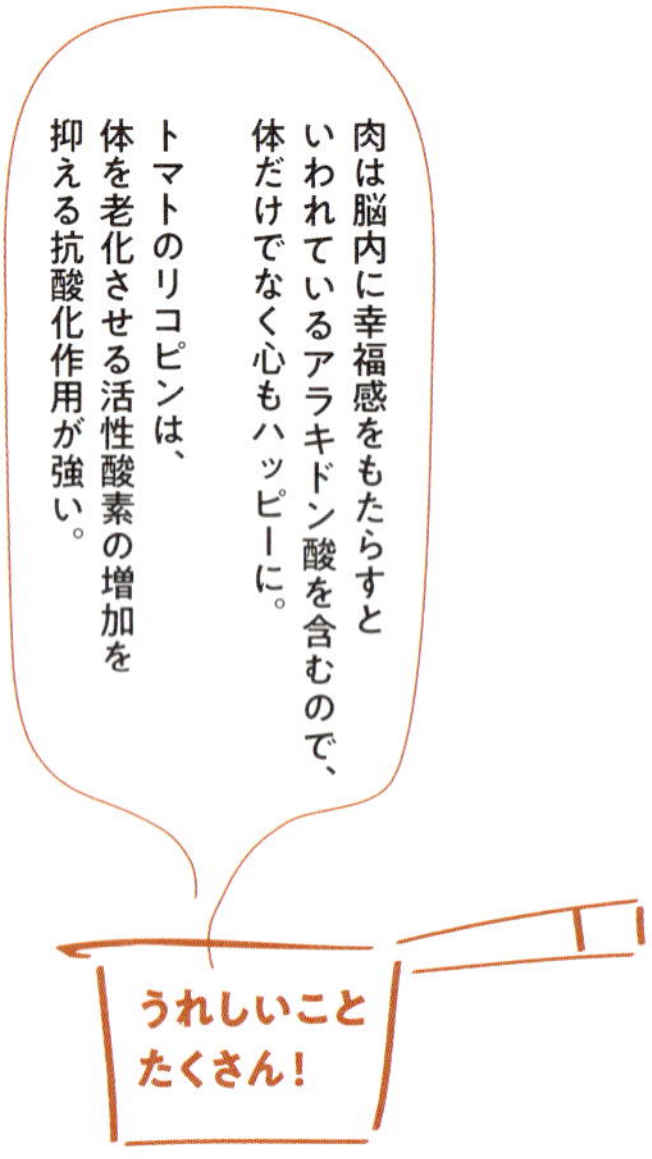
肉は脳内に幸福感をもたらすといわれているアラキドン酸を含むので、体だけでなく心もハッピーに。
トマトのリコピンは、体を老化させる活性酸素の増加を抑える抗酸化作用が強い。
うれしいこと
たくさん！

トマトとみそは相性抜群

クイックチャウダー

材料（1人分）

牛乳 …… 1カップ
じゃがいもポタージュの素（粉末）…… 1袋
あさり水煮缶 …… 小1缶（125g）
塩、こしょう …… 各少々
パセリのみじん切り …… 少々
（あれば）クルトン …… 適量

作り方

1 小鍋にじゃがいもポタージュの素を入れ、牛乳を少しずつ加えて混ぜながら1～2分、表面がふつふつするまで温める（牛乳は煮すぎると分離するので、煮立たせないように注意）。

2 あさり缶を汁ごと入れる。混ぜながら約2分温めて、とろりとしてきたら塩、こしょうで味をととのえ、器によそい、パセリとあればクルトンをふる。

あさりは貧血防止に作用する鉄とビタミンB_2が豊富。
さらに、あさりには新陳代謝を促す亜鉛も含まれる。
美肌作りや抜け毛対策にぜひ。

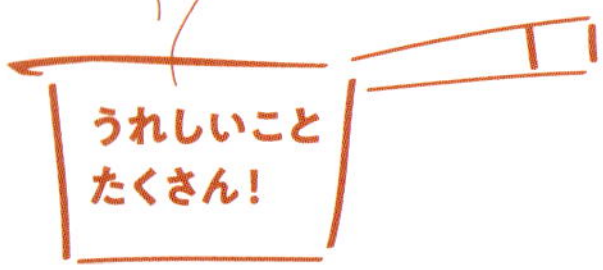

おいしいメモ

市販のポタージュの素で手軽に作れる栄養満点スープです。あさりの旨みで味がしっかり決まります。カルシウムたっぷりの牛乳ベースのスープなので、イライラ防止にも作用し、心も元気に。

貧血防止、二日酔い防止に

チリコンカン風スープ

疲れた体に寄り添う
やさしい味わい

材料（1人分）

大豆の水煮 ……… 50g
ベーコン ……… 1枚
にんにく ……… 1/2かけ
トマトジュース（無塩）
……… 1カップ
コンソメスープの素（顆粒）
……… ひとつまみ
オリーブ油 ……… 小さじ1
塩 ……… 少々
タバスコ ……… 少々
パセリのみじん切り ……… 少々

作り方

1 ベーコンは細切りに、にんにくはみじん切りにする。

2 小鍋にオリーブ油を入れて熱し、**1**を入れて炒め、香りが立ったら水けをきった大豆を入れてさっと炒める。

3 トマトジュースとコンソメを加えてひと煮立ちさせ、塩で味をととのえる。器によそい、タバスコとパセリをふる。

おいしいメモ

「チリコンカン」はアメリカの豆料理。チリをタバスコにして手軽に作れるようにしました。思いのほかやさしい風味で体がふっと楽になります。大豆のタンパク質は肉に比べて低カロリーで体への負担が軽く、食物繊維がいっしょにとれるのもいいところです。

ツナとコーンのカレースープ

材料（1人分）

ツナ缶(オイル漬け) ………… 小1缶(70g)
ホールコーン缶 ………… 大さじ2
カレールウ ………… 1かけ
水 ………… 1と1/2カップ
ピザ用チーズ（細切り）………… 少々

作り方

1. 小鍋にツナ（オイルごと）とコーンを入れて火にかけ、油がまわったら水を加え、煮立ったら火を止める。
2. カレールウを入れて溶かし、再度火にかけてひと煮立ちさせる。ピザ用チーズを入れ、ひと混ぜする。

スパイシーな
カレー風味が
食欲をそそる

おいしいメモ

ツナ缶を入れるときは、必ずオイルも入れてください。オイルにはツナの旨み成分のほか、記憶力アップや血液をさらさらにする成分が溶け込んでいます。コーンは食物繊維が豊富なので体の中をすっきりさせてくれます。

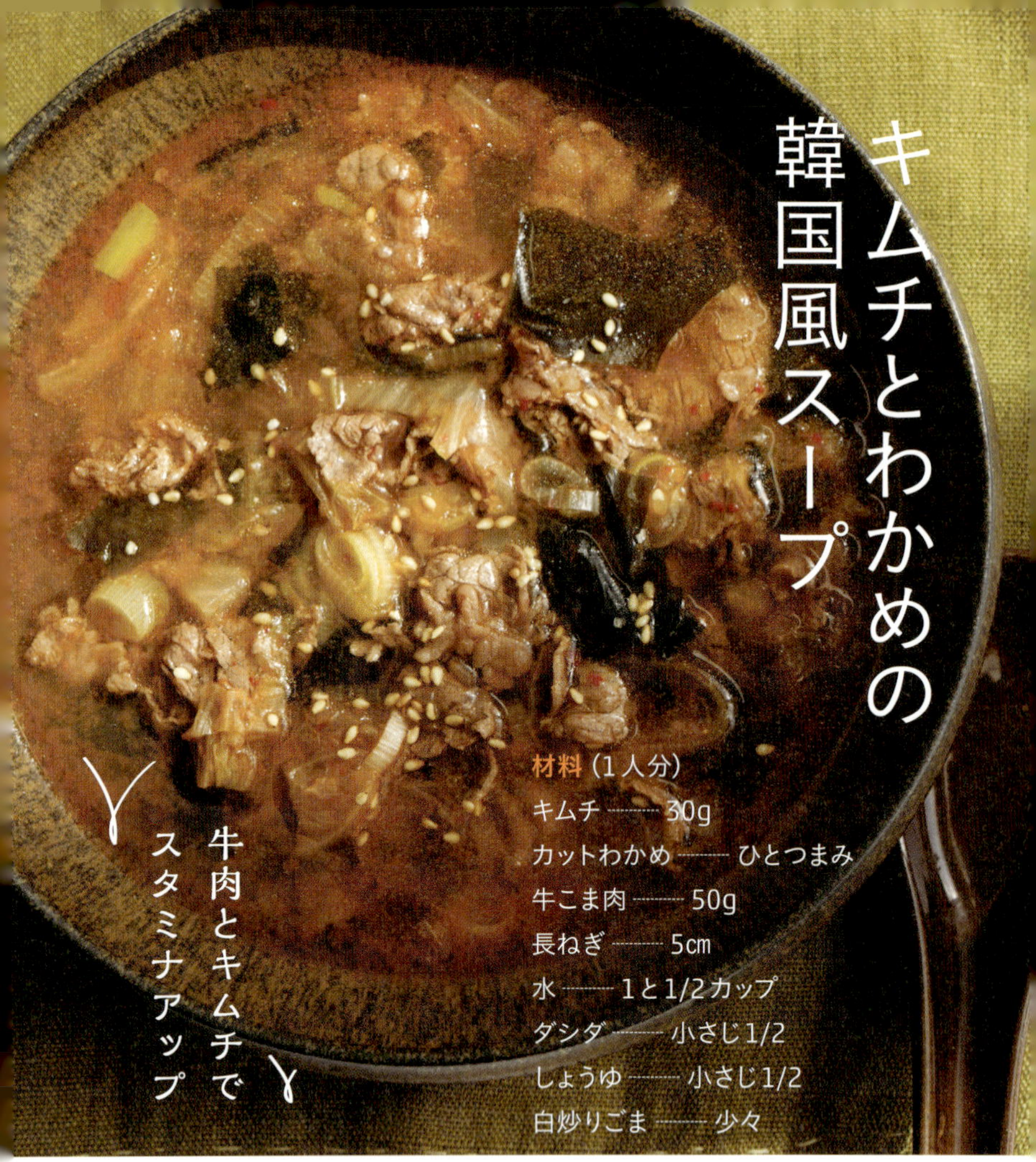

キムチとわかめの韓国風スープ

牛肉とキムチでスタミナアップ

材料（1人分）

- キムチ……30g
- カットわかめ……ひとつまみ
- 牛こま肉……50g
- 長ねぎ……5cm
- 水……1と1/2カップ
- ダシダ……小さじ1/2
- しょうゆ……小さじ1/2
- 白炒りごま……少々

作り方

1. キムチはひと口大のざく切りに、長ねぎは小口切りにする。
2. 小鍋に水を入れて沸かし、ダシダを加えて溶かし、**1**とカットわかめ、牛こま肉、長ねぎを加えて2〜3分煮て、しょうゆで味をととのえる。器によそい、白炒りごまをふる。

おいしいメモ

牛肉だしをベースにした市販の「ダシダ」を使ったスープです。キムチに使われている赤唐辛子やにんにくは体を温める力があるので冷え性予防に。牛肉は疲労回復を助けるタンパク質のほか、女性に不足しがちな鉄も含みます。

トムヤム風スープ

材料（1人分）

- むきえび……3尾（30g）
- しめじ……1/4パック（25g）
- 水……1/2カップ
- ココナッツミルク……1/2カップ
- 鶏がらスープの素……小さじ1/2
- しょうがの薄切り……3枚
- ナンプラー……小さじ1/2
- ラー油……少々

作り方

1. しめじは石づきを切り落としてほぐす。
2. ナンプラーとラー油以外の材料を小鍋に入れてひと煮立ちさせ、アクをとり、ナンプラーで味をととのえる。器によそい、ラー油をたらす。

おいしいメモ

しょうがとココナッツミルクの組み合わせで、特別なスープの素を使わずとも、あのトムヤムクンの味に。しょうがは新陳代謝を活発にし、免疫力アップの作用も。あればパクチーを散らすと、いっそう風味豊かに。

ココナッツ風味が
食欲をそそる
タイの人気スープ

焼きとり缶で本格韓国スープの味を再現

タッカンマリ風スープ

材料（1人分）

焼きとり缶（塩味）
……小1缶（85g）
しょうがの薄切り……2枚
赤唐辛子……1本
長ねぎ……5cm
水……1カップ
鶏がらスープの素
……小さじ1/2

作り方

1 赤唐辛子は種を除き、長ねぎは小口切りにする。

2 小鍋に水を入れて沸かし、鶏がらスープの素、しょうがの薄切りを入れて煮立てる。焼きとり缶と**1**を加えてひと煮立ちさせる。

おいしいメモ

韓国のスープ「タッカンマリ」は鶏を一羽まるごと使いますが、ここでは塩だれの焼きとり缶で手軽に、おいしく作ります。しょうが、赤唐辛子、長ねぎなど体を温める食材を使った簡単薬膳スープです。

さば缶のみそスープ

栄養満点のさば缶をまるごと使って

材料（1人分）

さば缶（水煮）……1缶（190g）
ニラ……1株
だし汁……1と1/2カップ
みそ……小さじ2
七味唐辛子……少々

作り方

1 ニラは4㎝長さに切る。

2 小鍋にだし汁とさば缶を汁ごと入れ、煮立ったら1を加える。

3 弱火にしてみそを溶き入れ、器によそい、七味唐辛子をふる。

おいしいメモ

生のさばに比べて、さば缶はいいことがいっぱいです。骨まで食べられるのでカルシウムをとることができます。もちろん青魚に豊富なDHAやEPAも補えます。旨みも強いのでスープにぴったりです。

COLUMN 6

1分みそ玉スープのすすめ

お湯を注いで1分もあれば、おいしいみそスープが飲める「みそ玉」。まとめて作っておくと、疲れて何もしたくない！というときに助かります。おいしいみそ玉を作るコツは、だしがよく出て旨みが強い食材や、香りの豊かなものを組み合わせること。P64でご紹介した「カチュー汁」も、みそ玉と考え方は同じです。

作り方はいたって簡単。ラップにみそと材料を包むだけ。冷蔵庫に入れて3日を目安に食べきります。持ち歩けるので、お弁当のお供にもおすすめです。

1 ラップにみそと材料を包んだら口をねじり、輪ゴムでとめる。

2 椀にみそ玉を入れて熱湯を180ml注ぐ。

3 箸でよくかき混ぜてみそを溶く。

揚げ玉とえのき

材料:みそ大さじ1、揚げ玉大さじ1、えのきを2〜3㎝に切ったもの少々。

花麩と小ねぎ

材料：みそ大さじ1、花麩2枚、小ねぎの小口切り少々。

カットわかめと長ねぎ

材料：みそ大さじ1、カットわかめ大さじ1、長ねぎの小口切り少々。

桜えびと三つ葉

材料:みそ大さじ1、桜えび大さじ1、三つ葉少々。

Part 7

具がいろいろ入った おかずスープ

ひと皿で肉や魚などの主菜と
野菜やきのこなどの副菜がバランスよく、
しっかりとれる、ボリューミーなスープです。
洋風の豚汁仕立てのものから、
ブイヤベース風、ワンタンスープに坦々《たんたん》スープなど、

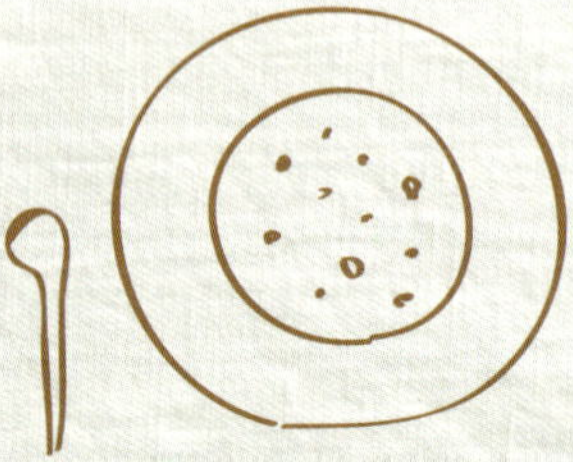

一見、手間をかけたように
見えるメニューが揃っています。
これが5分でできちゃうの!?と思ったら、ぜひ作ってみて。
パンとともに朝ごはんとして食べる、あるいは
ジャーに入れてランチスープにするのもおすすめです。
もちろん夜ごはんにも。
短時間でパパッと作って食べたい、
そんなときに役立ちます。

クイック豚汁

材料（1人分）

大根、にんじん（ピーラーでむいたもの）
……合わせて手のひら1杯分（30g）
豚薄切り肉……20g
だし汁……1カップ
みそ……大さじ1/2
三つ葉……少々

作り方

1 豚肉は半分に切る。三つ葉はざく切りにする。

2 小鍋にだし汁を煮立て、豚薄切り肉を加えて色が変わったら大根とにんじんを加え、2〜3分煮る。

3 火を弱めてみそを溶き入れ、三つ葉をのせる。

豚肉には疲労回復作用のあるビタミンB_1が豊富で、にんじんには粘膜や鼻、喉などを保護するβ-カロテンが多く含まれる。

三つ葉の香りには、精神を安定させてイライラを解消、食欲を促進させる作用もある。

おいしいメモ

手間と時間がかかるイメージの豚汁ですが、野菜をピーラーでリボン状にすることで、短時間でも火が通り、味もなじみやすくなります。三つ葉は小ねぎに替えてもOK。

ピーラーで
ひらひらにむいた
野菜を使って

カット野菜のジュリエンヌスープ

材料（1人分）

カット野菜ミックス
（キャベツとにんじんのせん切り）……… 50g
ソーセージ……… 3本
水……… 1カップ
コンソメ（顆粒）……… 小さじ1/2
塩、こしょう……… 各少々
（あれば）粒マスタード……… 少々

作り方

1 小鍋に水を入れて沸かし、コンソメを入れて溶かし、カット野菜と切り目を入れたソーセージを入れて約3分煮る。塩、こしょうで味をととのえる。器によそい、あれば粒マスタードを添える。

市販のカット野菜を使えば
あっという間に完成。
野菜は生よりも加熱したほうが
量を多く食べられる。
キャベツには、ビタミンCや
食物繊維のほか、
認知症予防などにも
いいとされる葉酸も含まれる。

おいしいメモ

「ジュリエンヌスープ」とは、野菜のせん切りスープのこと。市販品を使ってもいいし、もちろん自分でせん切りにしても。ソーセージのほか、ベーコンでもよいだしが出ます。

ソーセージの旨みと
塩けがだしがわり

白菜とほたてのスープ

ほたて缶を使って、ちょっと贅沢においしく

おいしいメモ

このスープのおいしさの決め手はほたて缶の「汁」にあります。汁に旨みが溶け出していますから最後の1滴まで鍋に入れてください。ほたての旨みと甘みは、冬の白菜ととても相性がいいので、ぜひ作ってみてください。

材料（1人分）

白菜……30g
ほたて缶……小1缶（300g）
水……1カップ
鶏がらスープの素……小さじ1/2
オイスターソース……小さじ1

作り方

1. 白菜の葉はざく切りに、芯の部分は細く棒状に切る。ラップで包み、電子レンジ（600W）で30秒加熱する。
2. 小鍋に水を入れて沸かし、鶏がらスープの素を入れて溶かしたら、白菜とほたて缶を汁ごと加えて2〜3分煮る。オイスターソースで味をととのえる。

ブイヤベース風スープ

シーフードミックスを
使って簡単に！

おいしいメモ

本来は色と香りづけにサフランを使うのですが、今回はより手軽なターメリックを使います。ターメリックは、スープや麺、炒めごはん、マヨネーズなどにひとふりするとカレー風味になるので、あると重宝します。

材料（1人分）

- 冷凍シーフードミックス……50g
- 玉ねぎ……1/4個
- 水……1カップ
- コンソメ（顆粒）……小さじ1/2
- ターメリック……少々
- 塩、こしょう……各少々
- オリーブ油……小さじ1
- ドライタイム……少々

作り方

1 玉ねぎは薄切りにしてラップで包み、電子レンジ（600W）で30秒加熱する。

2 小鍋にオリーブ油を熱し、1とターメリックを入れて炒め、油が全体にまわったら、水、コンソメを入れてひと煮立ちさせる。

3 シーフードミックスを凍ったまま入れ、2～3分煮る。塩、こしょうで味をととのえ、ドライタイムをふる。

三つ葉ともやしのワンタンスープ

市販のワンタンを野菜と合わせて

材料（1人分）

- 三つ葉……1束（20g）
- もやし……手のひら1杯分（30g）
- ワンタン（市販）……4個
- 水……2カップ
- 鶏がらスープの素……小さじ1
- ごま油……少々

作り方

1. 三つ葉はざく切りにする。
2. 小鍋に水を入れて沸かし、鶏がらスープの素を入れて溶かす。1ともやしを加えてひと煮立ちさせたらワンタンを加えて2～3分煮る。ごま油をたらす。

おいしいメモ

三つ葉には余分な塩分を排泄するカリウムや、鼻や喉の粘膜を保護するβ-カロテンが豊富です。三つ葉はチンゲン菜や小松菜に替えても。もやしには疲労回復成分も含まれます。

食べごたえがあり、体が芯からあったまる！

坦《たん》々《たん》スープ

おいしいメモ

ごまは、細胞の酸化を防ぐセサミンを含んでいます。さらに女性ホルモンの働きをサポートし、血行促進にも作用するビタミンEも豊富。ぜひ積極的にとりたい食材です。

材料（1人分）

- 豚ひき肉 …… 30g
- 水 …… 1カップ
- 鶏がらスープの素 …… 小さじ1/2
- ごま油 …… 小さじ1
- 豆板醤 …… 小さじ1/5
- にんにく（チューブ） …… 少々
- 練り白ごま …… 小さじ2
- しょうゆ …… 小さじ1/2
- 小ねぎ（小口切り） …… 少々

作り方

1 小鍋にごま油を熱し、豚ひき肉を炒めて色が変わったら、豆板醤、にんにくを加えてさらに炒める。

2 練り白ごま加えて全体になじんだら、水を少しずつ加えてのばし、鶏がらスープの素を加えて混ぜながらひと煮立ちさせる。しょうゆで味をととのえ、器によそい、小ねぎを散らす。

豚肉とニラのシンプルスープ

材料（1人分）

スープストックをとった豚肩ロース肉（P67）
……… 50g
しめじ ……… ひとつかみ
ニラ ……… 1本
豚肉のスープストック（P67） ……… 1カップ
塩、こしょう ……… 各少々

作り方

1 豚肉はひと口大にほぐし、しめじは石づきを切り落とし、ニラは1cm長さに切る。

2 小鍋に豚肉のスープストックを温め、しめじと豚肉を加えてひと煮立ちさせ、塩、こしょうで味をととのえる。最後に、ニラを加えてひと煮立ちさせたらすぐに火を止める。

あらかじめ「豚肉のスープストック」を作っておけば簡単にできる。
豚肉とニラは、いっしょにとると、ニラの香り成分アリシンが豚肉のビタミンB_1をサポートし、より疲れにくい体を作る。疲労回復にも最適。

おいしいメモ

時間があるときに作っておいたスープストックを使ったレシピです。豚肉ときのこ類、ニラは、鉄板のおいしい組み合わせ。しめじはしいたけに替えても、ニラの代わりに小ねぎや長ねぎを使っても。

旨みたっぷりの
スープが
うれしい

Part 8

小腹がすいたときに 食べるスープ

お腹がすいたからちゃんと食べたい。
でも疲れて帰ってきて、料理をするのは面倒……。
栄養面も美容面も気になるから、
カップ麺じゃちょっとな……。
そんなわがままにこたえてくれるのが、

「食べるスープ」です。

ごはんや麺、肉や魚、そして
たっぷりの野菜を入れていますから、
ひと皿で主食、主菜、副菜をかねています。

便利で手軽で、栄養バランスを考えたスープを揃えました。
夜遅くに食べてもいいように、消化のよい食材を使って、
カロリーも控えめにしています。

ごはんや麺の分量は、
お腹のすき具合に合わせて調節してくださいね。

トマトと豆のパスタスープ

材料（1人分）

カッペリーニ……30g
ミニトマト……3個
ミックスビーンズ（市販）……1袋（50g）
ベーコン……1枚
水……1と1/2カップ
コンソメ（顆粒）……小さじ1
塩、こしょう……各少々
粉チーズ、オリーブ油……各少々
（あれば）パセリのみじん切り……少々

作り方

1 カッペリーニは半分に折る。ミニトマトは半分に切る。ベーコンは細切りにする。

2 小鍋に水を入れて沸かし、コンソメを入れて溶かし、ひと煮立ちさせる。

3 ミックスビーンズ、ミニトマト、ベーコンを加え、再び煮立ったら、カッペリーニを加えて2分煮る。塩、こしょうで味をととのえ、器によそい、粉チーズ、オリーブ油をかけ、あれば パセリを散らす。

冷製パスタに使われる
「カッペリーニ」（ゆで時間2分）と、
ゆでる手間いらずのミックスビーンズを使うことで、
あっという間にできあがり！
豆はお腹にたまるうえ、
不足しがちな食物繊維をたっぷりとれる。

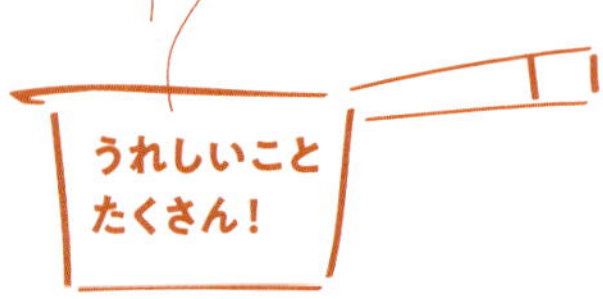

おいしいメモ

加熱したトマトの甘みと豆の食感がうれしいひと皿です。仕上げにかけるオリーブ油で風味豊かになるので、ぜひお好みのものを使って。

カッペリーニを使うから
ササッとできる！

焼きおにぎりと揚げ玉のスープ

材料（1人分）

冷凍焼きおにぎり……2個（50g×2個）
ちくわ……1本
揚げ玉……大さじ1
三つ葉……少々
だし汁……1カップ
しょうゆ……少々

作り方

1 ちくわは小口切りに、三つ葉はざく切りにする。冷凍おにぎりは電子レンジでパッケージの指示通りの時間温める。

2 小鍋にだし汁を温め、ちくわを加え、ひと煮立ちしたらしょうゆで味をととのえる。

3 器に**1**のおにぎりと揚げ玉を入れ**2**を注ぎ、三つ葉を散らす。

焼きおにぎりの香ばしさが食欲をそそる。
ちくわ×揚げ玉がいっしょになることで、よい旨みが出る。

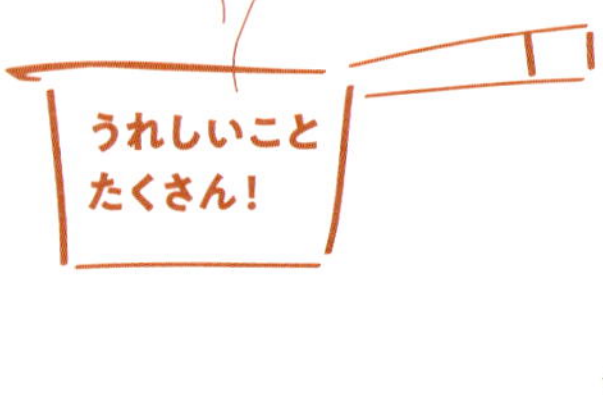

おいしいメモ

だしのかつお節、揚げ玉と、風味豊かな材料が味を引き立てます。揚げ玉は香ばしくコクが出るので、何かと重宝する食材。みそ汁などにパパッと入れてもおいしいので、常備しておくと便利です。あれば刻みのりをのせても。

いくらでも
食べられちゃう
クセになる
おいしさ◎◎

即席カレーうどん

カレーうどんが
5分で！
その秘密は？

材料（1人分）

ゆでうどん …… 1玉
豚こま肉 …… 50g
長ねぎ …… 1/4本
だし汁 …… 2カップ
カレーフレーク …… 大さじ2（20g）
しょうゆ …… 少々

作り方

1 長ねぎは小口切りに、ゆでうどんは袋の口を少し開け、電子レンジ（600W）で30秒加熱する。

2 小鍋にだし汁を煮立て、豚こま肉、長ねぎを加えて2〜3分煮る。

3 火を止めてカレーフレークを入れて混ぜて溶かす。再度弱めの中火にかけ、しょうゆで味をととのえ、**1**のゆでうどんを加えてひと煮立ちさせる。

おいしいメモ

5分で作れる秘密は、まず、ゆでうどんを電子レンジで温めておくこと。これでゆで時間を短縮できます。また、カレールウはフレーク状のものを使います。具に玉ねぎの薄切り（レンジで加熱）を加えても。

梅ささみにゅうめん

材料（1人分）

- そうめん……1束
- 鶏ささみ（P66）……1本（40g）
- 梅干し……1個
- だし汁……1と1/2カップ
- 小ねぎ……1本

作り方

1. そうめんはゆでてざるに上げる（水で締めない）。鶏ささみは手で食べやすい大きさにほぐし、小ねぎは小口切りにする。
2. 小鍋でだし汁を温め、梅干し、鶏ささみを入れてひと煮立ちさせる。そうめんを加える。器によそい、小ねぎを散らす。

梅の酸みと香りで
あっさり、さっぱり

おいしいメモ

梅干しとそうめんの塩分をベースにした、調味料いらずの塩分控えめスープ。梅の酸みと香りが食欲をそそります。梅の持つクエン酸には、疲労回復の働きもあるので、お疲れぎみのときにどうぞ。

参《サム》鶏《ゲ》湯《ダン》風スープ

焼きとり缶で
手軽に滋養
たっぷりの1杯を

材料（1人分）

ゆで雑穀（市販）……大さじ2
焼きとり缶（塩味）……小1缶（85g）
長ねぎ……1/4本
水……1と1/2カップ
鶏がらスープの素……小さじ1/2
塩、こしょう……各少々

作り方

1. 長ねぎは斜め薄切りにする。
2. 小鍋に水を入れて沸かし、鶏がらスープの素を入れて溶かす。
3. 焼きとり缶、1、ゆで雑穀を加えてひと煮立ちさせる。塩で味をととのえ、こしょうをふる。

おいしいメモ

火も通っていて味もついている焼きとり缶（塩味）を使うので、煮る時間が短くてもおいしく仕上がります。お腹に雑穀を詰める参鶏湯をイメージして、ゆで雑穀をスープに加えました。

少し余った刺し身で鯛茶漬け風に

かんたん潮汁《うしおじる》

おいしいメモ

鯛の刺し身が余ったら、もしくは、このスープのために少し取り分けておいてでも作ってみて。水菜は小ねぎでも。疲れているときこそ、さらさらと食べられます。

作り方

1 小鍋でだし汁を温め、しょうゆで味をととのえる。

2 水菜はざく切りにする。鯛に片栗粉をまぶす。

3 **1**に鯛を入れてひと煮立ちさせる。茶碗にごはんを盛り、水菜と鯛をのせて汁をかけ、柚子こしょうを添える。

材料（1人分）

ごはん……1膳
鯛の刺し身……7～8枚（80g）
片栗粉……少々
水菜……2～3本
だし汁……1と1/2カップ
しょうゆ……小さじ1
（あれば）柚子こしょう……少々

Part 9

冷凍野菜で作る
クイックスープ

皮をむいたり切ったり、下ゆでしたりと
調理にひと手間かかる野菜はどうしても不足しがち。
だったら「冷凍野菜」を上手に使ってみませんか？
冷凍技術の進歩はめざましいものがあり、
マイナス18℃で瞬間冷凍するので

鮮度も栄養価もほとんど落ちません。
食べたい野菜を必要な分だけ、
少しずつ使うことができるのも
いいところ。

冷凍野菜の扱いで気をつけたいのは、保存方法です。
封を開けたら、使う分だけを素早く取り出し、残りはすぐに
袋ごと保存袋に入れて冷凍庫へ。
空気に触れると旨みも食感も落ちてしまうので、
袋を二重にして保存することがポイントです。

ブロッコリーと卵のスープ

材料（1人分）

ブロッコリー（冷凍）………… 約5個（50g）
卵………… 1個
粉チーズ………… 小さじ1
水………… 1カップ
コンソメ（顆粒）………… 小さじ1/2
塩、こしょう………… 各少々

作り方

1 小鍋に水を入れて沸かし、コンソメを入れて溶かす。ブロッコリーを加えてひと煮立ちさせる。

2 ボウルに卵を溶いて粉チーズを加えて混ぜ、1に回し入れて1〜2分煮る。塩、こしょうで味をととのえる。

ブロッコリーはβ-カロテンはもちろん、
ビタミンCやKやEなども
含んでいるので、
風邪予防や免疫力アップに。
卵は完全栄養食品。
バランスのよい食材なので
困ったときは卵を入れる！

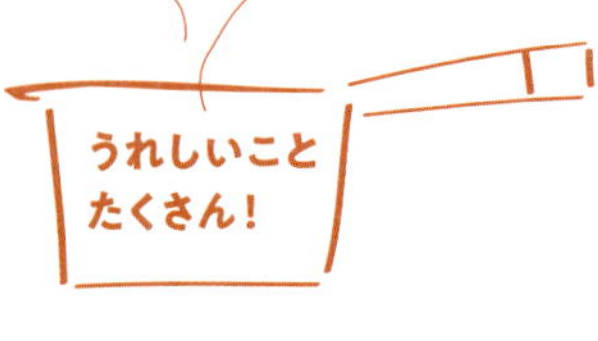

おいしいメモ

コンソメスープに冷凍ブロッコリーをポンポンと放り込んだら完成。卵と粉チーズをよくからませてコクと食べごたえもプラス。卵は半熟がおすすめです。

とろとろの チーズ卵を からめて飲む

揚げなすのみそスープ

材料（1人分）

揚げなす（冷凍）……7～8個（50g）
だし汁……1カップ
みそ……大さじ1/2
小ねぎ……少々
おろししょうが……少々

作り方

1 小ねぎは小口切りにする。

2 小鍋にだし汁を煮立て、冷凍揚げなすを加え、再度ひと煮立ちさせる。

3 火を弱めてみそを溶き入れたら小ねぎを散らし、おろししょうがを加えて混ぜる。

なすの皮にはポリフェノールの一種アントシアニン系の色素があり、動脈硬化や高血圧予防に働きかける作用がある。なすは油といっしょに食べるとポリフェノールの吸収率がアップ。

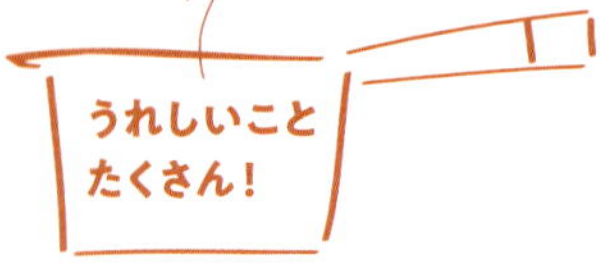

おいしいメモ

揚げなすを使うことでコクが出ます。仕上げに少し入れるしょうがは味を引き締めるだけでなく、体を温める作用もあるので、寒い時季にうれしい1杯。

人気の冷凍揚げなすを使って

刻みオクラとベーコンのスープ

とろっとした汁けとベーコンの旨み

材料（1人分）

刻みオクラ（冷凍）……ひとつかみ（40g）
ベーコン……1枚
水……1カップ
コンソメ（顆粒）……小さじ1
塩、こしょう……少々

作り方

1 ベーコンは細切りにする。

2 小鍋に水を入れて沸かし、コンソメを入れて溶かす。オクラ、1を入れてひと煮立ちさせたら塩で味をととのえ、こしょうをふる。

おいしいメモ

オクラは和・洋・中どんな味にもなじむ便利な食材です。不足しがちな食物繊維が豊富なのもうれしい点。スープに入れたり、納豆やめかぶと混ぜたり、常備しておきたい冷凍食品です。

ささみとほうれん草のすまし汁

だしとしょうゆでさっぱり味に

おいしいメモ

ほうれん草は、喉や鼻の粘膜を保護するβ-カロテンや、貧血予防に働きかける葉酸や鉄などを含み、積極的に食べたい野菜。冷凍ほうれん草なら下ゆでいらず、切る手間いらずです。

作り方

1 鶏ささみをそぎ切りにし、片栗粉をまぶす。長ねぎは小口切りにする。

2 小鍋にだし汁を温め1を入れる。鶏ささみの表面が白っぽくなったら、ほうれん草を加え、しょうゆ、塩で味をととのえる。

材料（1人分）

- 鶏ささみ……1/2本
- 長ねぎ……5cm
- ほうれん草(冷凍)……ひとつかみ(30g)
- だし汁……1カップ
- 片栗粉……少々
- しょうゆ……小さじ1
- 塩……少々

和風根菜ミックスとさつま揚げの和スープ

冷凍なら根菜も手軽に使える

材料（1人分）

- 和風根菜ミックス（冷凍）……ひとつかみ（70g）
- さつま揚げ……1枚
- だし汁……1と1/2カップ
- みそ……大さじ1/2
- 七味唐辛子……少々

作り方

1. さつま揚げを薄切りにする。
2. 小鍋にだし汁を温め、和風根菜ミックスを加えて2～3分煮る。火が通ったら**1**を加えて火を弱め、みそを溶き入れる。器によそい、七味唐辛子をふる。

おいしいメモ

調理に時間のかかる根菜類も、冷凍を使えば5分スープに。食物繊維がたっぷりとれるのもうれしいところ。さつま揚げで旨みとタンパク質をプラス。

洋風野菜ミックスとソーセージのトマト風味スープ

緑黄色野菜で不足しがちな栄養を補って

おいしいメモ

ブロッコリーやにんじん、さやいんげんなどの野菜がまとめてとれます。仕上げにトマトケチャップを加えることで味に奥行きが出ます。

材料（1人分）

洋風野菜ミックス（冷凍）……ひとつかみ（80g）
ソーセージ……3本
水……1と1/2カップ
コンソメ（顆粒）……小さじ2/3
トマトケチャップ……小さじ1
塩、こしょう……各少々

作り方

1 ソーセージは斜め半分に切る。

2 小鍋に水を入れて沸かし、コンソメを入れて溶かす。洋風野菜ミックスと1を加えて2～3分煮る。ケチャップ、塩、こしょうで味をととのえる。

魚介・肉・卵・魚肉加工品・豆類ほか

【魚介】
えび …… 89
桜えび …… 28
しらす干し …… 54
鯛 …… 115
わかめ …… 40、64、88

【肉】
牛こま肉 …… 88
鶏ささみ …… 35、113、123
鶏手羽元 …… 47、62
鶏もも肉 …… 49
豚肉 …… 46、82、96、104、112
豚ひき肉 …… 103

【卵】
卵 …… 14、21、22、59、60、74、118
卵豆腐 …… 32

【魚肉加工品】
あさり水煮缶 …… 84
さつま揚げ …… 124
さば缶 …… 91
塩昆布 …… 33
シーフードミックス（冷凍）…… 101
ソーセージ …… 18、98、125
ちくわ …… 44、110
ツナ缶 …… 87
とろろ昆布 …… 54、64、72
ベーコン …… 16、86、108、122
ほたて缶 …… 100
もずく …… 60
焼きとり缶 …… 90、114

【豆類・大豆加工品】
油揚げ …… 28
大豆の水煮 …… 86
豆腐 …… 33、61
納豆 …… 45
ミックスビーンズ …… 108

●牛乳・豆乳
牛乳 …… 48、75、84
豆乳 …… 20、28、61、76

●そのほか
揚げ玉 …… 110
うどん …… 112
梅干し …… 54、113
カッペリーニ …… 108
キムチ …… 42、88
ごはん …… 115
ザーサイ …… 28
雑穀（ゆで）…… 114
しらたき …… 46、47
そうめん …… 113
春雨 …… 40
麩 …… 77
もち麦 …… 42
焼きおにぎり（冷凍）…… 110
ワンタン …… 102

素材別索引

野菜・きのこ類・果物

【あ】
揚げなす（冷凍）…… 120
えのき …… 14
オクラ …… 45、122
オレンジ …… 30

【か】
カット野菜ミックス …… 98
きのこ …… 48
キャベツ …… 18
小ねぎ
…… 32、47、56、82、103、113、120
小松菜 …… 20、35
コーン（クリーム）…… 21、75
コーン（ホール）…… 46、87

【さ】
しそ …… 56
しめじ …… 89、104
しょうが …… 70、89、90、120

【た】
大根 …… 49、96
玉ねぎ …… 101
豆苗 …… 42
トマト …… 82
トマトジュース …… 22、58、86

【な】
長ねぎ …… 62、72、88、90、112、
114、123
なめこ …… 44
ニラ …… 91、104
にんじん …… 96

【は】
白菜 …… 61、100
パクチー …… 47
ブロッコリー（冷凍）…… 118
ほうれん草（冷凍）…… 123

【ま】
水菜 …… 46、115
三つ葉
…… 14、33、64、77、96、102、110
ミニトマト …… 16、49、108
みょうが …… 56
もやし …… 47、102
モロヘイヤ …… 40

【や】
洋風野菜ミックス（冷凍）…… 125

【ら】
レタス …… 16、74
レモン …… 34、47

【わ】
和風根菜ミックス（冷凍）…… 124

牧野直子（まきの・なおこ）

管理栄養士、料理研究家、ダイエットコーディネーター。「スタジオ食」代表。女子栄養大学卒業。大学在学中より栄養指導や教育に携わる。体にやさしく元気になるレシピや、健康的なダイエット方法などを提案し、テレビ、ラジオ、雑誌、書籍、ウェブサイトや料理教室、講演などで幅広く活躍中。著書に、『魔法のように効くスープ』『からだに効く 100 のスムージー』『料理の教科書 ビギナーズ』（新星出版社）、『減塩のコツ早わかり』（女子栄養大学出版部）、『冷凍保存のきほん』『はじめてママ＆パパの すくすく幼児食』（主婦の友社）など多数。

ブックデザイン
GRiD

撮影
山下コウ太

スタイリング
諸橋昌子

調理アシスタント
徳丸美沙、石垣晶子（スタジオ食）

取材・文
斯波朝子（オフィス Cuddle）

編集担当
八木麻里

5 分《ふん》スープ
わたしの心《こころ》と体《からだ》を助《たす》けるレシピ

2018 年 12 月 7 日　初版第 1 刷発行

著者　牧野直子
発行者　小川 淳
発行所　SB クリエイティブ株式会社
〒 106-0032
東京都港区六本木 2-4-5
電話 03-5549-1201（営業部）

印刷・製本　萩原印刷株式会社

落丁本、乱丁本は小社営業部にてお取り替えいたします。
定価はカバーに記載されております。
本書の内容に関するご質問等は、小社学芸書籍編集部まで書面にてお願いいたします。

ISBN978-4-8156-0002-0